청소년을 위한 유쾌한

한자상식

경제편

안재윤 지음

논술 · 교양 · 지식을 넓혀주는
한자와 경제상식

하늘
아래

청소년을 위한 유쾌한
한자상식 경제 편

초판 1쇄 펴낸날_2008년 03월 20일
지은이_안재윤

펴낸이_이종근
펴낸곳_도서출판 하늘아래
등록번호_제300-2006-23호
주소_서울특별시 종로구 이화동 27-2 부광빌딩 402
전화_02 374 3531
팩스_02 374 3532
E-mail : haneulbook@naver.com

ISBN 978-89-89897-26-2 03710

청소년을 위한

유쾌한

한자상식

경제편

하늘
아래

책 머리에

국어사전은 우리말을 풀이한 책이다. 우리말에는 고유어와 한자어가 있다. 그 둘의 비율은 대략 3:7 정도이니 한자어가 고유어에 비해 두 배가 더 많은 셈이다. 왜 이렇게 되었을까?

중세 시대의 여러 문명권들에서 공통적으로 보이던 보편문어, 보편종교 등, 그 이유를 이해하기 위해서는 좀 복잡한 설명이 필요하므로 여기에서는 한자문화권에 대해서만 간략히 알아보도록 한다.

우리의 중세시대에는 한자문화권이라 부를 수 있는 것이 존재했다. 중국의 문자를 우리나라, 일본, 베트남 등 중국의 주변국들이 함께 사용하면서 동아시아가 공동으로 향유할 수 있는 문명을 발전시켜왔던 것이다. 이것은 한자문화권 공동의 자산이다. 우리 민족은 2,000년 가까이 우리 문화의 정수를 한자로 기록해 왔다. 우리말 속에 들어있는 수많은 한자어는 이런 역사의 산물이다.

청소년을 위한 유쾌한 한자상식 시리즈는 우리말을 좀 더 정확하게 익히고자 하는 대견스러운 우리의 청소년들을 위해 기획되었다.

한자어를 직역으로 풀이하면서 익히면 우리는 한자어의 본래 의미에 접근할 수 있다. 이것은 대단히 중요한 학습 포인트이다. 어려운 단어를 암기가 아니라 이해하면서 익힐 수 있게 되는 것이다.

이번 경영·경제편은 TV나 신문에서 수없이 많이 접하게 되는 경영·경제 용어들을 61개의 키워드로 묶어 한자로 풀어보았다.

恐慌은 恐두려울 공 + 慌절박할 황이다. 직역해보면 '두렵고 절박함'이 된다. 널리 알려진 의미는 "'경제 공황'의 준말. 경제 순환 과정에서 나타나는 극도의 경제 혼란 현상"이다.

이렇게 공황에 대해 이해가 되었으면 이제는 生産恐慌생산공황, 金融恐慌금융공황, 貨幣恐慌화폐공황, 安定恐慌안정공황 등에 대해 더 알아본다. 이제는 '공황'이 들어있는 단어들은 대충 그 의미를 짐작할 수 있게 된다. 덤으로 한자의 字源을 익히는 재미도 쏠쏠하다.

6개월여의 집필 과정과 편집팀의 노력을 거쳐 청소년을 위한 유쾌한 한자상식 경영ㆍ경제편이 출간되었다. 작업이 더디고 힘이 들었지만 우리 청소년들의 어휘력이 무럭무럭 자랄 것을 생각하니 참으로 뿌듯하다. 그러나 이제 첫 발을 내딛은 것이니 앞으로 가야 할 길이 많이 남아있다. 시사 상식의 용어들을 하나하나 한자어로 풀어보는 작업을 계속해야 한다.

게으른 저자에게 싫은 소리 한번 하지 않고 밥을 사주면서 집필을 독려해주신 이종근 사장님과 책 구성과 관련된 다양한 아이디어를 끊임없이 쏟아내어 저자들에게 신선한 자극을 주신 김성수 편집장님께 감사드린다. 이 분들의 노고에 힘입어 이 책이 세상에 태어났다.

아무쪼록 이 책을 통해 청소년들이 경제용어, 경영 용어들을 한자로 유쾌하게 익혀 언어 생활에, 사고 활동에, 학습 활동에 유용하게 사용하게 되기를 바란다.

2008년 3월 저자

價 格

가 격

한자 : 價 값 **가** / 格 격식 **격**

직역 : 값의 격, 값

풀이 : 물건이 지니고 있는 가치를 돈으로 나타낸 것

價 는 亻+賈이다. 亻(사람 인)은 뜻이고 賈(장사 고/값 가)는 뜻·음이다. 본래 글자는 賈였는데 이 글자가 '장사', '값' 이라는 두 가지 뜻으로 사용되자 나중에 亻을 덧붙여 價(값 가)를 만들었다. 장사할 때의 '물건 값', '가치' 라는 뜻을 나타낸 것이다.

亻은 호모에렉투스(직립의 인간), 호모파베르(도구의 인간)의 특징이 잘 나타난 글자다. 인간은 직립보행을 하면서 자유로워진 두 손을 사용하여 도구를 만들 수 있었다. 亻은 직립한 사람의 모습, 즉 자유로운 손과 꼿꼿한 체형을 생생하게 표현한 글자다. 亻이 들어가는 한자는 '사람', '사람의 행위'와 관련된 뜻을 가진다.

貝는 작은 달걀처럼 생긴 자패라는 조개의 모양을 본뜬 글자이다. 자패는 화려한 무늬와 반들거리는 광을 가진 아름답고 단단한 조개로, 한자가 만들어지기 시작하던 시대로 부터 19세기에 이르기까지 중국인들에게 매우 귀하게 여겨졌다. 자패의 입 주변에 있는 수많은 주름은 몇 개의 가로 줄로 표현되어 貝에 남아 있다. 자패는 화폐, 장신구로 사용된 전통 때문인지 돈·보석·상업과 관계 깊은 한자를 이룬다.

格 은 木+各이다. 木(나무 목)은 뜻이고 음이다. 格은 나무로 짠 격자틀에 맞추어 바로잡는 것이다. 기준이 되니 법, 격식도 된다. 各(각각 각)은 客(손님 객), 挌(칠 격) 등에서 음요소로 사용되었다.

木은 나무의 모양을 본뜬 글자로, 자형에서 나뭇가지와 뿌리의 흔적을 살필 수 있다. 木이

들어가는 한자는 대체로 나무와 관련된 뜻을 지닌다.

各은 夊(뒤져올 치)+口(입 구)이다. 各은 본래 집에 이르다라는 뜻이었는데, 나중에 각각이라는 뜻을 가지게 된 글자이다. 各는 사람의 발자국 모양을 본뜬 글자이므로 주로, 발 또는 걷는 행위와 관련된 뜻을 담당한다. 口는 입 모양을 본뜬 글자인 동시에 집, 창문, 물건과 같은 사물의 모양을 본뜬 글자이기도 하다. 그래서 오늘날 口가 들어가는 글자는 입과 관련된 뜻 이외에도 사물, 형태와 관련된 뜻을 가지고 있다.

價格은 물건의 가치를 돈으로 나타낸 것이다. '값', '값어치', '가치'를 뜻한다. 다른 말의 끝에 '價'를 붙여 '~가치', '~값'이라는 뜻을 덧댄다. 예를 들면, 物價는 물건의 값이다. 高價(고가)는 비싼 값, 低價(저가)는 싼값이다. 評價(평가)는 평가해서 매긴 값, 또는 가치를 매기는 것이다.

價格機能 가격기능(=價格機構 가격기구) Price Mechanism

한자 : 價 값 **가** / 格 격식 **격** / 機 틀 **기** / 能 능할 **능**

직역 : 가격의 기능 / 機能 – 기능. 기능과 구조

풀이 : 시장이 가격을 통해 수요와 공급을 조절하고 자원을 배분하는 기능

완전경쟁이 보장된 자본주의 사회에서 상품의 가격은 수요와 공급의 균형 관계를 통해서 결정된다. 수요가 공급을 초과하면 가격이 오르면서 수요는 줄어들고 공급은 늘어나게 된다. 또 반대로 공급이 수요를 초과하면 가격이 떨어지면서 수요는 늘어나고 공급은 줄어들게 된다. 이처럼 시장에서 가격을 통해 수요와 공급이 조절되고 자원이 원활하게 배분되는 것을 價格機能 혹은 價格機構라 한다.

一物一價法則 일물일가의 법칙 Law of Indifference

한자 : 一 하나 **일** / 物 물건 **물** / 一 하나 **일** / 價 값 **가** / 法 법 **법** / 則 법칙 **칙**

직역 : 한 물건에 가격도 하나인 법칙

　　一物 – 한 개의 물건, 같은 물건. 一價 – 같은 가격, 값이 하나임. 法則 – 법칙

一物一價의 法則은 경제학상의 원칙의 하나로, 제본스(W.S.Jevons)는 '無差別(무차별)의 법칙'이라 했다. 완전경쟁시장에서 같은 상품이 다른 가격을 갖는다고 하면 사람들은 보다 싼 상품을 선택하므로 결국 비싼 상품은 가격이 떨어지게 된다. 따라서 같은 시장에 있는 같은 상품이라면 단 하나의 가격만 성립하게 된다는 것이다.

二重價格制 이중가격제 Double Price System

한자 : 二 둘 이 / 重 거듭 중 / 價 값 가 / 格 격식 격 / 制 마를/법 제
직역 : 이중으로 된 가격 제도 / 二重 – 두 겹, 制 – 제도
풀이 : 동일 상품 또는 서비스가 거래나 장소에 따라 2가지 가격을 갖는 제도

二重價格制의 예로는 ① 공익사업기관이 공공목적을 달성하기 위해 철도요금 · 전기요금 등을 수요의 상위에 따라 가격차별을 두는 경우 ② 정부가 농민보호를 위해서는 비싼 가격으로 양곡을 사들이고 소비자 보호를 위해서는 싼 가격에 양곡을 파는 二重穀價制(이중곡가제 Double Rice Price) ③ 독점기업이 동일 상품에 대해 국내독점시장에서는 비싼 가격을 매기고, 해외경쟁시장에서는 싼값을 매기는 경우 등을 들 수 있다.

價格差別 가격차별 Price Discrimination

한자 : 價 값 가 / 格 격식 격 / 差 어긋날 차 / 別 다를 별
직역 : 가격에 차별을 둠 / 差別 – 차이와 다름
풀이 : 같은 상품에 가격을 달리 정하는 것

완전경쟁시장에서는 一物一價의 法則(일물일가의 법칙)이 존재한다. 그러나 독점기업은 더 많은 이윤을 내기 위해 같은 상품이라도 서로 다른 시장에 다른 가

격으로 판매할 수도 있다. 이와 같이 생산비가 똑같은 데도 서로 다른 가격을 설정하는 것을 價格差別이라고 한다. 二重價格制(이중가격제)도 일종의 가격차별에 속한다.

鋏狀價格差 협상가격차 = 셰레(Schere)현상

한자 : 鋏 집게 협 / 狀 모양 상 / 價 값 가 / 格 격식 격 / 差 어긋날 차

직역 : 집게 모양의 가격 차 / 鋏狀 – 집게 모양, 가위 모양. 差 – 차이

풀이 : 독점 가격과 비독점 가격의 지수를 도표로 나타냈을 때에 가위를 벌린 모양으로 나타나는 가격 차이

鋏狀價格差는 셰레(Schere)현상이라고도 한다. 가위를 뜻하는 독일어의 셰레(Schere)에서 유래했다. 시간에 따른 농산물과 공산품 가격을 그래프로 나타냈을 때 두 선이 교차한 다음 점점 가위 모양으로 벌어지는 형태를 취하기 때문에 이러한 이름이 붙었다. 국가 간 무역에 있어서 선진국은 주로 공산품을 수출하고 후진국은 농산물을 수출한다. 이때 공산품의 가격은 점점 상승하지만 농산물의 가격은 대체로 변하지 않기 때문에 후진국의 무역은 점점 불리해진다. 또 선진국에서도 농산물 가격에 비하여 농산물 생산에 필요한 비료·약품·농기계 등의 공산품의 가격이 더 크게 상승하므로 채산성이 나빠진다. 이런 이유로 협상가격차를 農(농사 농), 工(공업 공)을 덧붙여 農工鋏狀價格差(농공협상가격차)라고도 한다. 선진국에서는 자국의 농산물 생산자를 보호하기 위해 농산물가격지원제도를 시행하거나 패리티 가격을 택하는 경우가 많기 때문에 실제로 셰레현상이 일어나는 일은 드물다.

告示價格 고시가격

한자 : 告 알릴 고 / 示 보일 시 / 價 값 가 / 格 격식 격

직역 : 알려 보여주는 가격 / 告示 - 알리고 보여줌

풀이 : 정부가 국민에게 알리는 가격

告示價格은 정부가 국민에게 알리는 가격을 말한다. 정부는 최고가격을 지정하거나 폐지할 수 있는데 이때는 국민에게 고시해야 한다. 표준지의 단위면적당 가격과 공공요금이 여기에 속한다.

最高價格 최고가격 Maximum Price

한자 : 最 가장 최 / 高 높을 고 / 價 값 가 / 格 격식 격

직역 : 가장 높은 값 / 最高 - 가장 높음

풀이 : 물가의 폭등을 억제하기 위해 '물가안정 및 공정거래에 관한 법률'에 규정된 가격 통제 조치

最高價格은 국민의 생활이나 경제 등에 필수적인 재화의 가격이 급등할 때 이를 억제하기 위해 정부가 취하는 정책으로, 특정 물품을 일정가격 이상으로는 판매할 수 없게 하는 것이다. 기업이 이를 위반했을 때는 인하명령을 내릴 수 있다.

最低價格 최저가격 Minimum Price

한자 : 最 가장 최 / 低 낮을 저 / 價 값 가 / 格 격식 격

직역 : 가장 낮은 값 / 最低 - 가장 낮음

풀이 : 기업들 간의 과도한 경쟁을 방지하거나 특정산업 또는 생산자를 보호하기 위해 정부가 취하는 가격 통제 정책

最低價格은 가격의 하한선을 정한 것이다. 예를 들면 국민 생활이나 경제에 미치는 영향이 중요하지만 수익이 낮아서 기업이 생산을 기피하는 상품, 식량안보

와 직결되는 농산물 따위에 시행할 수 있다. 또 국가가 노·사간의 임금 결정과 정에 개입하여 임금의 최저수준을 정하고, 사용자에게 그 이상의 임금을 지급하도록 법으로 강제함으로써 저임금 근로자를 보호하는 제도인 最低賃金(최저임금)도 최저가격의 하나라고 할 수 있다.

最低價格補償制 최저가격보상제 Low Price Guarantee

한자 : 最 가장 최 / 低 낮을 저 / 價 값 가 / 格 격식 격 / 補 기울 보 / 償 갚을 상 / 制 마를/법 제

직역 : 가장 낮은 가격에 맞도록 보상하는 제도

　　　最低 – 가장 낮음. 補償 – 기워주고 갚아 줌. 制 – 제도

풀이 : 고객이 구입한 상품과 같은 상품을 다른 곳에서 더 싸게 팔고 있다는 사실이 입증되면 판매한 곳에서 그 차액을 고객에게 돌려주는 제도

最低價格補償制는 세계적 유통업체인 월마트가 처음 실시해 성공을 거둔 상품 최저가전략이다. 미국에서 가격할인경쟁이 벌어지면서 등장한 판매 전략으로 현재 우리나라의 대형유통업체에서도 시행하고 있다. 이 제도는 소비자에게는 유리하지만, 영세유통업체나 제조업체에는 경영압박을 주어 도산이나 대량해고를 불러올 수도 있다.

패리티 가격 Parity Price

풀이 : 정부가 다른 물가 변동에 비례하여 균형을 이루도록 산출해 내는 농산물 가격

패리티 가격은 최저 공정가격의 일종으로, 농산물가격을 결정할 때 생산비를 기준으로 산출하지 않고 일반물가에 맞추어 산출하는 것이다. 농산물가격을 안정시키고 일반 물가와의 균형을 유지하여 농산물 생산자를 보호하는 것이 목적이다. 패리티 계산에 의하여 결정한다. 패리티 계산은 기준 연도에 대한 비교 연도의 물가 지수를 구하여 이를 기준 농산물 가격에 곱하여 산출한다.

한자 : 相 서로 상 / 對 대할 대 / 價 값 가 / 格 격식 격 / 絶 끊을/뛰어날 절

직역 : 相對價格 – 상대적인 값 絶對價格 – 절대적인 값

　　　相對 – 서로 마주 대함 絶對 – 마주할 상대를 끊음

풀이 : 相對價格 – 일정 상품의 가격과 비교하여 교환 비율로써 표시한 다른 상품의 가격

　　　絶對價格 – 상품의 가치를 화폐량으로 표시한 가격

相對는 서로 마주하는 것이다. 마주하기 때문에 서로 비교된다. 서로 견주는 대상이기도 하다. 그래서 相對價格은 A상품의 가치를 매길 때 B상품과 비교하여 상대적으로 값이 어떠하다고 비교한 것이다. 예컨대 사과 1개는 감 2개와 바꿀 수 있다고 할 때, 사과는 감과 비교되어 가치가 매겨졌다. 이처럼 상품 간의 교환에 있어 어느 한 상품을 기준으로 하여 비교표시한 다른 상품의 상대적인 교환가치를 相對價格이라고 한다.

絶對는 비교하거나 상대될 만한 것을 딱 끊어 버린 것, 즉 비교할 게 없는 것이다. 비교할 대상이 없다는 것은 그 자체로 완벽하거나 뛰어나다는 뜻도 된다. 이런 까닭에 絶은 '끊다'는 뜻 이외에도 '뛰어나다'는 뜻도 갖고 있다. 絶對價格은 비교하지 않고 그 상품 자체의 가치를 매긴 것이다. 예를 들면, '사과 1개 /2,500'의 식으로 표시되는 것이다. 보통 시장의 가격은 절대가격으로 표시된다. 相對와 絶對는 서로 대비되는 개념임을 기억하자.

公開市場操作
공 개 시 장 조 작

한자 : 公 공평할 공 / 開 열 개 / 市 저자 시 / 場 마당 장 / 操 잡을 조 / 作 지을 작

직역 : 공개시장을 조작함

公開 – 공공에게 열다. 市場 – 사고파는 곳. 操作 – 조정해서 만듦

풀이 : 중앙은행이 공개시장에 개입하여 통화량을 조절하는 일

公 은 八+厶다. 八(여덟 팔)은 무언가를 둘로 나눈 모양으로 지금은 '8' 이란 뜻으로 쓰이지만 본래는 '나누다' 란 뜻이었다. 厶는 본래의 자형이 口였다. 이때 口는 입이 아니라, 물건을 가리킨다. 公은 물건을 '공평하게' 나눈 것이다. 나중에 '공공' 이라는 뜻도 가지게 되었다. 반대자는 私(사사 사)이다. 公은 공적인 것, 私는 개인적인 것을 가리킨다.

開 는 門+幵다. 門(문 문)과 幵(평탄할 견)이 모두 뜻이다. 門은 대문의 모양을 본뜬 것이고, 幵은 빗장을 여는 모습을 본떴다. 開는 문을 활짝 '여는' 것이다.

市 는 시장을 나타내는 팻말의 모양을 본뜬 글자다. '저자' 란 물건을 사고 파는 시장을 예스럽게 이르는 말이다.

場은 土+昜이다. 土(흙 토)는 뜻이고, 昜(볕 양)은 뜻·음이다. 場은 볕이 잘 드는 '장소', '마당'을 가리킨다.

는 扌+喿다. 扌(手)(손 수)는 뜻이고, 喿(떠들 소)는 음이다. 操, 燥(마를 조), 躁(성급할 조), 澡(씻을 조)에서 알 수 있듯 喿가 들어가는 글자는 주로 음이 '조'다.

은 亻+乍이다. 亻(人)(사람 인)과 乍(지을 사)는 모두 뜻이다. 乍는 옷모양을 본뜬 글자다. 옛날에는 옷을 짓는 일은 몹시 힘든 큰일이었다. 그래서 옷 만드는 일로 '짓다'는 뜻을 새긴 것이다. 作曲(작곡), 作文(작문), 作業(작업)에서 알 수 있듯 옷 만드는 것 이외의 일에도 作을 사용한다.

公開市場操作은 중앙은행이 공개시장에 개입하여 금이나 유가증권 및 외환을 시장가격으로 매입하거나 매각하여 통화량을 조절하는 것을 말한다.
통화량이 적어 금리가 올라갈 때는 중앙은행이 유가증권·금·외환 등을 시장에서 사들이고 그 대금을 지불하여 통화량의 증가를 꾀하고, 통화량이 많을 때는 이를 매각하여 금융시장의 자금을 흡수함으로써 통화량의 감소를 유도하는 활동을 예로 들 수 있다.

恐 慌
공   황

한자 : 恐 두려울 공 / 慌 절박할 황
직역 : 두렵고 절박함
풀이 : '경제 공황'의 준말. 경제 순환 과정에서 나타나는 극도의 경제 혼란 현상

恐 은 巩+心이다. 巩은 구부리고 앉아 손을 내밀어(凡) 장인들이 사용하는 도구(工)를 잡고 있는 것을 표현한 글자이고 음은 공이다. 여기에 심리를 나타내는 心(마음 심)을 붙여 뜻을 삼았다. 두려워하는 마음을 이렇게 나타낸 것이다. 음부분 역할을 하는 巩은 巩으로 모양이 바뀌기도 하는데 碧(물가의돌 공), 銎(도끼구멍 공) 등에서 그렇다.

慌 은 忄(心)+荒이다. 心(마음 심)은 뜻이고, 荒(거칠 황)은 뜻·음이다. 荒蕪地(황무지)처럼 마음이 거칠고 절박한 것이 慌이다. '황홀하다'는 뜻으로도 쓰인다.

恐慌은 불안하고 혼란스러운 상태다. 공황은 자본주의 특유의 극도의 경제 혼란상으로, 급격한 생산 감소, 공장폐쇄, 기업파산, 실업자의 급증, 물가폭락, 신용붕괴, 어음·수표의 부도 증대, 금리폭등, 주가폭락, 예금 인출쇄도, 정치불안 등 심각한 사회불안 현상이 나타난다. 과잉생산에서 비롯된 극심한 수요·공급의 불균형 현상이 가장 일반적이며, 원인에 따라 생산 공황·금융 공황·화폐 공황 등으로 구분한다.

> 한자 : 生 날 생 / 産 낳을 산 / 恐 두려울 공 / 慌 절박할 황
> 직역 : 생산의 공황 / 生産 – 낳음. (물건을) 만듦
> 풀이 : 과잉생산으로 인하여 야기되는 공황

生産恐慌은 과잉생산이 경제 전 분야에 부정적 영향을 끼쳐서 일으키는 공황이다. 대량생산의 산업사회에서 기업은 더 많은 이윤을 내기 위해 임금을 삭감하여 노동비용을 절하하려고 한다. 그런데 한편으로는 근로자의 임금은 상품구매력과 직결되므로, 결과적으로 유효수요는 감소한 데 비해 생산은 과잉 상태가 되는 것이다. 자본주의 경제의 모순에 의해 일어난 공급과 수요의 심각한 불균형이 주식폭락→예금인출 쇄도→신용붕괴→기업도산→실업자급증→사회불안을 초래하는 것이 生産恐慌이다. 세계경제가 유기적으로 묶여있기 때문에 한 나라의 생산공황은 세계적으로 파급·확대되는 경향이 있다. 이를 世界恐慌(세계공황 World Economic Crisis)이라 한다. 특히 1929년부터 1933년 사이에 미국을 중심으로 하여 세계적 규모로 일어난 것을 大恐慌(대공황 Great Depression)이라 한다. 당시 루즈벨트 대통령이 실시한 뉴딜정책이 유명하다.

> 한자 : 金 쇠 금 / 融 녹을/통할 융 / 恐 두려울 공 / 慌 절박할 황
> 직역 : 금융의 공황 / 金融 – 금전을 융통하는 일
> 풀이 : 금융에 일어난 공황

金融恐慌은 신용 체계 붕괴→화폐 부족→은행 파산→금융시장 혼란으로 이어지는 공황이다. 일반적으로 자본주의 경제에서는 공황이 발생할 것으로 예상되면, 가장 먼저 신용 체계가 붕괴하는 信用恐慌(신용공황)이 발생한다. 신용공황이 일어나면 지불수단인 화폐를 소유하기 위해 예금을 찾으려는 사람들이 한꺼번에

은행에 몰리게 된다. 이때 은행들이 예금인출쇄도를 감당하지 못하면 은행들이 잇따라 파산하는 銀行恐慌(은행공황)이 발생한다. 金融恐慌은 이와 같은 연쇄 과정을 겪으며 한 순간에 금융시장이 무너지는 것을 말한다.

貨幣恐慌 화폐공황 Geldkrise

한자 : 貨 재물 화 / 幣 비단 폐 / 恐 두려울 공 / 慌 절박할 황

직역 : 화폐의 공황 / 貨幣 – 재물과 비단→돈

풀이 : 화폐, 특히 지급수단으로서의 현금을 구하기 어려운 데서 발생하는 공황

신용 체계가 교란되면 금융시장에서는 상품을 화폐로, 채권을 현금으로 바꾸려고 하는 급격한 동요가 일어난다. 이때 화폐에 대한 폭발적인 수요가 극단적인 형태로 나타나면 손해를 무릅쓰고라도 상품과 유가증권을 싼 값에 팔거나, 到産(도산)하는 貨幣恐慌이 발생한다.

安定恐慌 안정공황 Stabilization Crisis

한자 : 安 편안할 안 / 定 정할 정 / 恐 두려울 공 / 慌 절박할 황

직역 : 안정시킬 때 일어나는 공황 / 安定 – 편안하고 일정함

풀이 : 인플레이션 안정기에 일어나는 공황

인플레이션 억제 및 통화가치 안정을 위한 정책 때문에 통화량이 줄고 구매력이 급감하며 대규모의 기업도산과 실업이 발생하는 것을 安定恐慌이라 한다. 모든 공황이 다 부정적인 것은 아닌데 특히 안정공황은 물가 하락과 통화가치 안정이라는 순기능이 있어서 일본이나 독일의 경우 정책적으로 시행되기도 하였다.

國際流動性
국제유동성

한자 : 國 나라 국 / 際 사이 제 / 流 흐를 류 / 動 움직일 동 / 性 성품 성
직역 : 나라 사이에 흘러 움직이는 성질 / **國際** – 나라 사이. **流動性** – 흘러 움직이는 성질
풀이 : 국제 경제를 원활하게 하기 위하여 필요한 대외 지급 준비금의 비율

國 은 或+口이다. 或(혹 혹)과 口(에울 위) 모두 뜻이다. 或은 창(戈)을 들고 마을(口)을 지키는 것이다. 창으로 대표되는 무기로 무장한 마을인 셈이다. 口는 경계다. 國은 본래 或으로 썼는데 나중에 口을 덧붙여 '외곽을 지닌 나라'의 뜻을 나타낸 것이다. 囗, 国은 속자이다.

際 는 阝+祭다. 阝(阜)(언덕 부)가 뜻이고, 祭(제사 제)는 음이다. 본래 뜻은 '언덕과 언덕의 사이'이고, '사귀다'. '때', '끝'이라는 뜻으로 사용된다.

流 는 氵+ 云+儿다. 氵와 는 水(물 수)가 변한 것이고, 云(子)(아들 자)는 아기이다. 흐르는 물에 아이를 떠내려 보내는 것을 표현한 것이다.

動 은 重+力이다. 重(무거울 중)이 음이고 力(힘 력)은 뜻이다. 무거운 짐을 움직이려고 힘쓰는 모습을 표현한 것이다.

性 은 忄+生이다. 忄(心)(마음 심)이 뜻이고, 生(날 생)이 음이다. 忄이 들어간 한자는 대부분 마음의 상태와 관련된 뜻을 가진다. 性은 태어나면

서부터 가지고 있는 마음 곧 '성품', '성질'이라는 뜻을 가진다.

물건을 사고파는 데에는 돈이 오고가게 마련이다. 무역과 같이 자국화폐의 사용에 제한이 따르는 국제경제에서는 외화나 이에 준하는 가치를 가진 특별한 지불 수단이 필요한데, 그에 대한 준비 보유액의 비율을 國際流動性이라 한다. 즉, 국가 간 교역에서 필요한 돈을 준비하여 원활하게 흘러다니도록 할 수 있는 정도가 국제유동성이다. 그 보유액이 필요액에 비해 상대적으로 많으면 많을수록 국제유동성은 높아진다. 일반적으로 대외지급 준비금은 중앙은행이 보유하고 있는 금이나 달러 같은 외화 따위가 중심이 된다.

金 融

금　　　융

한자 : 金 쇠 금 / 融 녹을/통할 융
직역 : 금전이 융통됨 / 金 − 쇠, 황금, 돈, 자금(資金), 금전(金錢). 融 − 융통(融通:돌려씀)
풀이 : 금전을 융통하는 일. 금융시장에서의 자금의 수요 · 공급

金 은 亼+灬이다. 灬은 흙(土:흙 토) 속에 금(丷)이 있는 모양으로 뜻이고, 亼(이제 금)은 음이다. 金은 땅 속에 묻혀있지만 반짝반짝 빛이 나는 황금이다. 쇠라는 뜻도 있다. 금은 예나 지금이나 화폐로서의 기능을 가지고 있다. 그래서 金에는 '돈' 이라는 뜻도 있다. 자금(資金), 금전(金錢), 금융(金融)이 모두 '돈' 과 관련이 있다.

融 은 鬲+虫이다. 鬲(솥 력)은 뜻이고 虫(벌레 충)은 음이다. 용광로에 넣고 녹이는 것이다. 단단한 쇠도 녹이면 물처럼 흐른다. 단단하게 굳은 것을 녹이면 뚫려서 통한다. 또 녹은 것은 잘 섞여 융화된다. 그러다 보니 融은 '녹다', '통하다', '흐르다', '화합하다' 는 뜻으로 두루 쓰인다.

경제에서 '金' 은 금전, 자금을 줄여서 표현한 말이다. 融은 흘러 통하는 것이다. 金融은 이리저리 필요한 곳으로 돈(金)이 흘러다니는(融) 것이다. 자금을 융통하는 일로, 돈을 빌리거나 빌려주는 것(貸借 대차), 이자나 수익의 발생 따위와 같이 돈과 관련된 모든 일이다.

다음은 금융을 중심으로 엮은 경제용어이다.

金融政策 금융정책 Financial Policy

한자 : 金 쇠 금 / 融 녹을/통할 융 / 政 정사 정 / 策 꾀 책

직역 : 금융에 관한 정책 / 政策 – 정치상의 계책

풀이 : 정부나 중앙은행이 금융 시장을 통하여 자금을 원활하게 수급하고 통화 가치를
　　　 안정시키려고 행하는 정책

경제정책의 일환으로, 정부 또는 중앙은행이 ① 통화가치의 안정(물가 안정), ②
외환 시세의 안정(국제수지의 안정), ③ 원활한 자금 공급, ④ 완전고용 또는 낮은
수준의 실업률 유지, ⑤ 경제성장의 달성 등을 목표로 국가의 통화 및 신용에 의
하여 수립·실시하는 여러 가지 정책을 말한다. 즉, 금리정책, 공개시장조작, 지
급준비제도와 같이 나라의 경제 발전을 위해 취하는 정부나 중앙은행의 금융조
정을 金融政策이라 한다.

金融市場 금융시장 financial market

한자 : 金 쇠 금 / 融 녹을/통할 융 / 市 저자 시 / 場 마당 장

직역 : 금융이 이루어지는 시장 / 市場 – 저자가 서는 마당

풀이 : 자금의 수요와 공급이 만나 금리 체계가 결정되고, 자금 거래가 이루어지는
　　　 추상적인 시장을 통틀어 이르는 말

金融市場은 자금의 수요와 공급이 만나 자금의 貸借去來(대차거래)가 이루어지
는 시장 또는 그 과정을 의미한다. 외환시장·증권시장·금융기관으로 구성된
협의의 금융시장이 있으며, 국내거래면 국내금융시장, 국제거래면 국제금융시
장, 기간이 길면 장기금융시장, 짧으면 단기금융시장 등으로 구분한다.

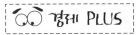 금융시장에서는 금리가 자금의 수요와 공급을 조절하는 역할을 한다. 자금의 초과수요가 있으면 금리가 오르면서 초과수요를 진정시킨다. 반대로 자금의 초과공급이 발생하면 금리가 내리면서 초과공급을 가라앉히는 것이다.

金融機關 금융기관 Financial Institution

한자 : 金 쇠 금 / 融 녹을/통할 융 / 機 틀 기 / 關 빗장/기관 관

직역 : 금융거래를 담당하는 기관 / 機關 – 틀과 기관

풀이 : 금융시장에서 통화의 수요자와 공급자 간의 수급을 중개하는 기관

금융업을 하는 곳을 金融機關이라 한다. 금융업이란 자금의 수요·공급을 중개하는 일로, 자금공급자로부터 각종 예금·신탁 및 보험증서·금융채 등을 통해 자금을 모으고, 기업과 같은 자금수요자에게 융자를 해주거나 유가증권을 매입하는 일 따위이다.

金産分離 금산분리

한자 : 金 쇠 금 / 産 낳을 산 / 分 나눌 분 / 離 떨어질 리

직역 : 금융과 산업의 분리 / 金産 – 금융과 산업. 分離 – 나누어 떨어짐

풀이 : 非(비)금융주력자가 금융기관의 의결권 있는 주식을 4% 초과해서 보유할 수 없도록 제한한 제도(은행법 16조2)

우리나라에서는 대기업과 같은 산업자본이 고객의 예금으로 금융산업을 지배하는 것을 막기 위해 1982년 도입했다. 그러나 외환위기 이후 대다수 국내은행 소유권이 외국자본에 넘어가자 금산분리가 국내자본에 대한 역차별이라는 논란이 제기되면서 출자총액제한 폐지, 금산분리 완화, 지주회사 요건 완화 등과 같은 논의가 이루어지고 있다.

金融資本 금융자본 Financial Capital

한자 : 金 쇠 금 / 融 녹을/통할 융 / 資 재물 자 / 本 근본 본

직역 : 금융의 자본 / 資本 – 토지·노동과 함께 생산 3요소의 하나. 새로운 영리를 위해
사용하는 과거의 노동의 생산물

풀이 : 독점적인 은행자본과 독점적인 산업자본의 융합 또는 유착에 의하여 성립되는
자본형태

R.힐퍼딩은 《금융자본론》에서 금융자본이란 '실제로는 산업자본으로 전화된 은행자본' 또는 '은행에 의하여 자유롭게 되어 산업가가 사용하게 되는 자본'이라고 정의하였다.

자본주의의 최고단계로서의 독점자본주의하에서는 생산과 자본의 축적이 최고에 달하면서 독점체가 형성된다. 은행도 금융업무를 독점하고 자본의 대부분을 지배하는 소수의 은행이 출현한다. 이렇게 출현한 독점은행과 독점기업이 유착하여 金融資本을 발생시키는 것이다.

경제 PLUS 금융기관이 왜 필요할까?

생산에서 소비자에게 이르는 중간 단계가 줄어들수록 상품의 가격은 낮아진다. 마찬가지로 자금의 공급자와 수요자가 금융기관이라는 중개를 거치지 않고 직거래를 한다면 중개비용을 지불하지 않아도 될 텐데 말이다.

금융시장에서 자금공급자는 자금수요자가 누구인지, 어디에 있는지, 어느 정도의 자금을 어떠한 조건으로 원하는지에 대한 구체적인 정보를 얻기 힘들다. 자금수요자의 입장에서도 공급자에 대한 자세한 정보를 일일이 파악하여 필요한 자금을 조달하는 것이 어려울 수 있다. 따라서 금융시장에서 자금공급자와 수요자에 대한 정보를 종합하고 개별적으로 수행하기 곤란한 금융서비스의 필요에 의해 금융기관이 존재하는 것이다.

金融資産 금융자산 Financial Assets

한자 : 金 쇠 금 / 融 녹을/통할 융 / 資 재물 자 / 産 낳을 산

직역 : 금융의 자산 / 資産 – 돈이 되는 재산

풀이 : 실물이 아닌 청구권 형태로 보유하는 자산

토지 · 건물 · 기계 · 설비 · 원료 · 제품과 같은 실물자산에 대하여 통화(화폐 · 예금) · 유가증권 · 대출금 · 보험 · 신탁 등의 형태로 보유하는 자산을 金融資産이라고 한다. 대외 금융자산은 금이나 대외채권 따위로 이루어진다.

派生金融商品 파생금융상품 Financial Derivatives

한자 : 派 갈라질 파 / 生 날 생 / 金 쇠 금 / 融 녹을/통할 융 / 商 장사 상 / 品 물건 품

직역 : 파생된 금융 상품 / 派生 – 갈리어 나옴. 갈리어 나와 생김. 商品 – 장사하는 물건

풀이 : 예금 · 채권 · 주식 · 외환 등과 같은 기초자산으로부터 파생된 금융상품

派生金融商品은 통화, 증권, 원자재 등의 가격이 미래에 크게 오르거나 떨어질 경우 손실을 입을 수 있는 위험을 사전에 피하기 위하여 만들어진 신종 금융상품이다. 예컨대 기업이 수출대금을 3개월 뒤 달러나 유로로 받을 경우 그 사이 원화 환율이 떨어지면 손실을 보게 된다. 이런 위험을 피하기 위해 현재의 환율을 적용하는 선물환(先物換)이라는 파생상품을 거래하는 것이다. 즉, 미래의 투자 위험을 사전에 피하기 위한 것으로 1972년 미국에서 처음 도입되었다. 대표적인 것으로는 선물(Future) · 옵션(Option) · 스왑(Swap) · 선도(Forward) 등이 있다.

救濟金融 구제금융 Relief Loan

한자 : 救 구원할 구 / 濟 건널 제 / 金 쇠 금 / 融 녹을/통할 융

직역 : 구제해주는 금융 / 救濟 – 구하여 건져 줌

풀이 : 기업 도산을 방지하기 위하여 금융기관이 특정 기업에 대하여 정책적으로 자금을 융

자해 주는 일

救濟金融은 도산의 위험에 빠진 기업을 구해주기 위한 자금이다. 기업의 도산이 경제에 심각한 악영향을 미친다고 판단될 경우에 시행된다. 자금을 융자해 주는 것 외에도 대출금의 상환 시기를 늦추어 주는 것도 구제금융에 포함된다. 기업이 회생에 실패해 대출금의 상환이 이루어지지 않을 경우에는 해당 금융기관 역시 심각한 자금난을 겪게 되어 금융기관의 부실로 이어질 수도 있다. 이렇듯 금융기관과 기업의 부실이 심해져 한 국가의 외환위기가 도래하는 경우에는 일반적으로 국제통화기금(IMF)으로부터 구제금융을 받게 되는데, 이를 'IMF 구제금융'이라고 한다.

直接金融 직접금융 Direct Financing

한자 : 直 곧을 직 / 接 이을 접 / 金 쇠 금 / 融 녹을/통할 융

직역 : 거치지 않고 곧바로 연결되는 금융 / 直接 – 바로 이음. 곧장 이음

풀이 : 자금수요자가 금융기관의 중개 없이 주식 · 채권 등을 발행하여 자금공급자로부터 자금을 직접 조달하는 방식의 금융

경제 PLUS 1997년 12월 22일, 우리나라는 기업 · 금융기관의 부실에서 비롯한 외환위기로 인해 국가 부도 위기에 처하면서 IMF에 구제금융을 요청하였다.

우리나라는 IMF에서 195억 달러, 세계은행(IBRD)에서 70억 달러, 아시아개발은행(ADB)에서 37억 달러를 지원받아 위기를 넘겼다. 그러나 IMF의 구제금융은 '경제의 신탁통치'라 할 만큼 경제정책에 대한 요구와 압력이 크다. 또한 엄격한 재정긴축과 가혹한 구조개혁을 요구하므로 경기 악화, 금리와 실업률의 상승을 초래할 수 있다.

우리나라는 단기성 고금리 차입금 135억 달러를 1999년 9월에 조기 상환하고, 60억 달러의 대기성차관자금을 2001년 1월부터 상환하기 시작해 같은 해 8월 23일 모두 상환함으로써 IMF 구제금융 상황을 종식하였다.

증권시장을 이용하여 기업이 개인투자가로부터 자금을 직접 조달하는 것을 直接金融이라고 한다. 이에 반해 금융기관이 예금·적금, 금융채, 보험·신탁·투자신탁 등을 통하여 개인투자가들로부터 자금을 모아 기업에게 대출하거나, 주식·채권을 매입함으로써 자금을 공급하는 것을 間接金融(간접금융)이라고 한다. 우리나라는 직접금융의 비중이 높아져 가는 추세다.

國際金融 국제금융 International Finance

한자 : 國 나라 국 / 際 사이 제 / 金 쇠 금 / 融 녹을/통할 융
직역 : 나라 사이의 금융 / 國際 – 나라 사이
풀이 : 국가 간의 자금 유통

國際金融은 국내금융과 대비되는 개념으로서, 국가 간에 이루어지는 자금의 유통이다. 재화 및 용역 거래와 자본거래로 구분된다. 전자는 국가 간의 비금융적 거래에 의하여 자금이 오고 가는 것이고, 후자는 자금 그 자체의 거래, 즉 금융거래를 통하여 자금이 유통되는 것이다. 국제금융은 서로 다른 화폐제도를 가진 국가 간의 거래이므로 자금 이동은 대개 외국환에 의하여 이루어진다.

短期金融 단기금융 Short-term Finance

한자 : 短 짧을 단 / 期 기약할 기 / 金 쇠 금 / 融 녹을/통할 융
직역 : 기간이 짧은 금융거래 / 短期 – 짧은 기간
풀이 : 금융기관에서 대출하는 자금 중 상환기한이 단기인 것

대출금은 상환기한에 따라서 단기·중기·장기금융 등 3가지로 분류한다. 각각의 구분은 나라에 따라 다르다. 우리나라에서는 1년 이내인 것을 短期金融이라고 하며, 그 이상의 것은 중장기금융이라고 한다.

短期金融은 빌려주는 입장에서는 자산으로서의 유동성이 높다. 長期金融

(Long-term Credit)은 상환기간이 길면서 일반적으로 시설자금 투자를 목적으로 한다. 시중은행은 예금자원을 자금의 주원천으로 하기 때문에 위험도가 낮고 기간이 짧은 短期金融을 중심으로 영업한다.

한자는 어떻게 만들어졌을까?

왼쪽은 '수레'라는 뜻을 가진 車의 옛글자이다. 언뜻 보아도 처음 글자를 만든 사람의 관심이 둥근 바퀴에 있다는 것을 짐작할 수 있다. 글자가 만들어진 시기에는 수레가 일상생활이 아니라 전쟁과 사냥에 쓰였다. 통치자들을 위한 것이었으므로 모두 아름답고 정교했다. 車를 표현한 많은 옛글자들이 청동기 시대 중국의 전차 구조와 정확히 일치한다고 한다. 심지어 어떤 글자는 바퀴뿐만 아니라 축, 멜대, 걸이대, 전차의 문까지도 섬세하게 묘사하였다.

전차는 움직일 때마다 고약한 소리를 냈는데 이 사실은 여러 대의 수레를 합친 轟(수레소리요란할 굉)자에 그대로 반영되었다. 거대한 전차부대가 고요한 평원을 달리며 내는 위협적인 轟音(굉음)은 문자의 창작에 직접적 영감을 주었을 것이다.

훗날 평화가 찾아오자, 전차는 본래의 쓰임을 잃고 사람과 짐을 나르는 평범한 기능을 하게 되었다. 중국을 최초로 통일한 진시황제는 수레에도 대단한 관심을 보여 문자, 사상, 화폐와 도량형뿐만 아니라 수레의 폭까지도 통일시켰다. 수레폭의 통일은 일차적으로는 도로정비와 관련이 있지만 궁극적으로는 물류의 흐름을 원활하게 하기 위해서이다. 이후에 수레는 더욱더 중요한 운송수단이 되었다. 또 중국인들은 바퀴의 구조를 응용하여 풍차, 물레, 관개 등의 기계를 만들어 수천년 간 애용하였다. 이런 문화적 특성이 오늘날 바퀴가 돌아가는 원리로 된 기계장치를 가리키는 한자에 '車'가 들어간 계기가 된다(한자는 문화를 읽는 키워드이다).

그래서 車는 수레, 자동차, 기계의 뜻을 가지게 되었다.

基幹産業
기 간 산 업

한자 : 基 터 기 / 幹 줄기 간 / 産 낳을 산 / 業 일 업

직역 : 터와 주춧돌이 되는 산업 / 基幹– 터와 줄기. 産業 – 생산하는 일

풀이 : 국가 산업의 기초가 되는 산업

 는 其+土다. 其(그 기)가 음이고 土(흙 토)는 뜻이다. 基는 건물을 짓기 위해서 흙으로 다져 놓은 터를 가리키는데 여기에서 '기초', '근본' 이라는 뜻이 파생되었다.

幹 은 본래 檊(산뽕나무 간)이었다. 幹+木이다. 幹간은 음이고 木(나무 목)은 뜻이다. 벽 옆에 서 있는 나무 기둥을 가리키는 글자였는데, 나중에 '줄기', '근본' 등의 뜻을 더 가지게 되었고, 木이 干으로 바뀐 속자 幹이 더 널리 쓰이게 되었다.

産 은 产+生이다. 产(彦)(선비 언)이 음이고 生(날 생)이 뜻이다. '낳다', '생산하다' 라는 뜻이다.

業 은 악기나 물건을 걸어두는 나무로 만든 틀의 모양을 본떠 만든 것이었는데 나중에 '일' 이라는 뜻으로 가차되었다.

산업 발달의 기초가 되는 산업이 基幹産業이다. 집을 지을 때는 가장 먼저

터부터 닦는다. 터를 단단하게 다진 뒤, 주춧돌을 놓고 기둥을 세우는 것이다. 基幹에는 '터', '기초', '기둥'이라는 의미가 있다. 基幹이 튼튼해야 2층, 3층을 올려도 끄떡없다. 한 나라의 경제가 제대로 기능하기 위해서는 터와 기둥이 되는 基幹産業이 제대로 기능해야 한다. 기간산업의 발달 정도에 따라 한 나라의 산업 발달이 크게 좌우되기 때문이다. 석탄, 철강, 전력, 비료, 정유처럼 다른 산업활동의 기초가 되는 산업이 基幹産業의 예이다.

경제 PLUS 사회간접자본(社會間接資本)
SOC : Social Overhead Capital

정부 및 기타의 공공단체 공급자가 되는 설비 및 서비스 관련 시설류의 총칭. 도로, 항만, 철도, 상하수도, 공항, 댐, 보험·교육, 대중보건에 필요한 시설 등 어떤 제품을 생산하는 데 직접 사용되지는 않지만 생산활동에 간접적으로 도움을 주는 자본. 사회간접자본에 대한 투자를 소홀히 하게 되면 교통 체증, 항만 적체 등을 유발해 생산과 수출에 애로를 겪게 되며 상품의 경쟁력이 저하되는 문제가 발생한다. 이것을 흔히 인프라(INFRA : Infrastructere)라고도 한다.

費 用
비 용

한자 : 費 쓸 비 / 用 쓸 용

직역 : 씀

풀이 : 소비된 가치의 크기. 또는 물건을 사거나 어떤 일을 하는 데 드는 돈

費 費는 弗+貝다. 弗(아닐 불)이 음이고 貝(조개 패)가 뜻이다. 貝가 들어간 한자는 주로 '재물', '돈'과 관련된 뜻을 가진다. 費는 써서 없어지는 재물이다. '쓰다', '비용' 등의 뜻이다.

用 用은 본래 나무로 만든 통의 모양을 본뜬 글자였다. 이 글자가 '쓰다', '사용하다'라는 뜻으로 가차되자 통이라는 뜻을 위해서 위에 손잡이를 덧붙인 甬을 만들었다. 그런데 甬이 다시 '길'이라는 뜻으로 가차되자 본래의 뜻을 위해서 木을 덧붙여 桶을 만들었다. 참으로 기구한 운명을 가진 글자다.

단어의 끝에 '~費'를 붙으면 '~에 드는 돈'이란 뜻을 나타낸다. 生産費(생산비)는 생산하는 데 드는 돈, 車費(차비)는 차를 타는 데 드는 돈, 食費(식비)는 먹는 데 드는 돈이다. 費用은 무엇을 하는 데 드는 돈이다. 특히 경제 분야에서 費用이란 기업이 상품을 생산하기 위해 지불한 대가를 말한다. 생산에 기여한 것을 비용이라고 하는 데 유의해야 한다. 임대료·건물·기계 등의 감가상각비, 임금·이자·보험료 따위가 費用에 해당한다. 경제학에서는 費用을 생산비와 동의어로 사용하지만, 會計(회계)에서는 물량 단위로 파

악하는 Cost(원가)와 기간손익 계산상의 개념인 費用을 구별한다. 또 수익 창출로 이어지지 못하는 단순한 가치 희생을 손실이라고 하여 費用과 구별한다.

⊙⊙ 경제 PLUS 올해의 한자성어

● 2001년

五里霧中(오리무중) : 오리에 걸친 짙은 안개 속에 있어 방향을 알 수 없음과 같이, 무슨 일에 대해 알 길이 없음.

● 2002년

離合集散(이합집산) : 헤어졌다가 모였다가 하는 일

● 2003년

右往左往(우왕좌왕) : 바른쪽으로 갔다 왼쪽으로 갔다 하며 종잡지 못함. 이랬다저랬다 갈팡질팡함.

● 2004년

黨同伐異(당동벌이) : 한 패가 아니면 배척함. 이해를 같이 하는 사람끼리 파벌을 지어 뭉치면서도 그것을 달리하는 사람을 배척하는 일(후한서(後漢書) 당동전(黨同傳)).

● 2005년

上火下澤(상화하택) : 서로 이반하고 분열함. 위에는 불, 아래는 연못이라 해서 사람이나 사물이 함께하지 못하고 이반하고 분열한다(주역(周易)).

● 2006년

密雲不雨(밀운불우) : 하늘에 구름만 빽빽하고 비가 되어 내리지 못하는 암울한 상황(주역(周易)).

● 2007년

自欺欺人(자기기인) : '자기기인' 이란 '자신을 속이고 남을 속인다' 는 뜻이다('주자어류'(朱子語類)).

● 2008년

光風霽月(광풍제월) : 비가 갠 뒤의 바람과 달처럼 마음결이 명쾌하고 집착이 없으며 시원하고 깨끗한 인품을 뜻하는 말이다(송서(宋書)).

原 價
원 　 가

한자 : 原 근원 **원** / 價 값 **가**

직역 : 원래의 값

풀이 : 어떠한 목적으로 소비된 경제 가치를 화폐액으로 표시한 것

原 은 厂 + 泉이다. 厂(언덕 한)과 泉(泉)(샘 천)이 모두 뜻이다. 물이 처음 나오기 시작하는 언덕을 나타낸 것이다. '근원'이 본뜻이고 '들판'이라는 뜻으로 가차되었다. 본뜻을 위해 氵를 덧붙인 源(근원 원)을 다시 만들기도 했다.

價 는 본래 賈로 썼다. 賈(장사 고)는 襾+貝다. 襾(덮을 아)와 貝(조개 패)가 모두 뜻이다. 앉아서 물건을 잘 포장해 놓고 파는 장사다. 행상(行商), 좌고(坐賈)라는 말이 있다. 돌아다니면서 파는 상(商)과 앉아서 파는 고(賈)를 구분한 것이다. 賈가 '장사 고', '값 가'의 두 가지 뜻과 음으로 사용되어 혼동을 일으키게 되었다. 이를 해결하기 위해 賈에 亻을 덧붙여 값이라는 뜻으로만 사용하는 價(값 가)를 만들었다.

原은 자연 그대로의 상태, 혹은 가공하지 않은 상태를 뜻한다. 原油(원유)는 땅 속에서 뽑아 올린 기름이다. 가공하지 않은 원유를 자동차에 넣으면 곤란하다. 原始林(원시림)은 사람의 손을 타지 않은 자연 그대로의 숲이다. 이 외에 原木(원목), 原色(원색) 등이 있다. 앞에 氵가 붙은 源과 뜻이 비슷하다. 그

러나 가공하지 않은 원래의 상태를 뜻할 때는 주로 原을, 근원이 되는 것이란 의미를 강조할 때는 源을 쓰는 경향이 있다. 또 原은 주로 단어의 앞부분에, 源은 水源(수원), 音源(음원), 財源(재원)처럼 뒷부분에 주로 사용된다.

原은 가공하지 않았으니 덧붙이거나 꾸미지도 않은 것이다. 예컨대 군더더기 가 없는 값이 原價이다. 좀 더 경제스럽게 말한다면, 原價는 손익 계산을 위 해 필요한 개념으로 상품의 제조, 판매, 배급 따위에 든 재화와 용역을 단위 에 따라 계산한 가격이다. 재료비·노무비·경비로 구성된다.

상품을 생산하는 데 든 비용을 製造原價(제조원가)라고 하며, 여기에 관리비 용과 판매비용을 더한 것을 總原價(총원가)라고 한다.

買入原價 매입원가 Buying Cost

한자 : 買 살 매 / 入 들 입 / 原 근원 원 / 價 값 가
직역 : 사들이는 데 든 원가 / 買入 – 사들임
풀이 : 물건을 사들였을 때의 값

매입한 상품의 원가를 買入原價라고 한다.

賣出原價 매출원가 Cost of Sales

한자 : 賣 팔 매 / 出 날 출 / 原 근원 원 / 價 값 가
직역 : 물건을 파는 데 드는 원가 / 賣出 – 팜
풀이 : 기업의 영업활동에서 영업수익을 올리는 데 필요한 비용

賣出原價는 좁은 의미로는 상품의 제조원가를 뜻하며, 넓은 의미로는 판매하기 위해 사들인 상품 매입액이나 제조원가에 재고자산의 잔액의 차액을 가산한 비 용을 뜻한다.

販賣原價 판매원가 Marketing Cost

한자 : 販 팔 판 / 賣 팔 매 / 原 근원 원 / 價 값 가

직역 : 물건을 파는 데 든 원가 / 販賣 – 팜

풀이 : 기업이 마케팅 활동을 할 때 발생하는 비용

販賣原價는 이전에 영업비라고 하던 것에 원가관리의 개념을 도입하여 마케팅을 합리적으로 해나가기 위해 만든 용어이다. 판매·판매촉진·배송·보관·集金(집금)에 드는 비용을 총괄하는 것이 판매원가이다.

機會費用 기회비용 Opportunity Cost

한자 : 機 틀/때 기 / 會 모일/기회 회 / 費 쓸 비 / 用 쓸 용

직역 : 기회에 대한 비용 / 機會 – 알맞은 때나 경우

풀이 : 어떤 재화의 두 종류의 용도 중 어느 한 편을 포기할 경우, 포기 안 했다면 얻을 수 있는 이익의 평가액

다양한 용도가 있는 재화가 어떤 한 가지를 생산하는 데 사용되었다면, 다른 것을 생산할 수 있는 가치를 포기한 것이 된다. 이때 포기한 가치를 機會費用(기회비용)이라 한다.

예컨대 기업가가 자본을 사업에 투자했다면, 그 자본을 금융기관에 넣었을 때 발생하는 이자를 희생한 것이 된다. 이 때 이자가 기회비용인데, 이 이자는 사업으로 인해 희생된 가치이므로 결국 생산비용의 일종으로 간주한다.

可變費用 가변비용 Variable Cost

한자 : 可 가할 가 / 變 변할 변 / 費 쓸 비 / 用 쓸 용

직역 : 변할 수 있는 비용 / 可變 – 변할 수 있음

풀이 : 생산량의 증감에 따라 변동하는 비용

可變費用은 생산량에 비례하여 변하는 비용으로, 일정 기간 동안 생산 설비를 이용하는 정도와 관계가 깊다. 비례비(比例費)와 불비례비(不比例費)로 구분된다.

비례비는 생산량에 정비례하여 변하는 비용이다. 생산량이 2배가 되면 그 비용도 2배가 들고 생산량이 반감하면 그 비용도 반감한다. 직접연료비 · 직접노무비 등이 여기에 속한다.

불비례비는 생산량에 따라 변하긴 하지만 정비례하여 변하지는 않는다. 즉, 생산량의 변화보다 적거나 많은 비율로 증가한다. 동력비 · 광고비 · 감가상각 · 수선비 등이 이에 속하긴 하지만, 경우에 따라서는 고정비용으로 분류되기도 한다.

固定費用 고정비용 Fixed Cost

한자 : 固 굳을 고 / 定 정할 정 / 費 쓸 비 / 用 쓸 용
직역 : 굳게 정해진 비용 / 固定 – 굳게 정함
풀이 : 생산량의 변동 여하에 관계없이 불변적으로 지출되는 비용

생산량에 관계없이 무조건 일정하게 발생하는 비용을 固定費用이라고 한다. 비용이 고정되어 있는 것이다. 기업이 기존 시설을 유지하기 위해 지출하는 일정한 비용이라던가 생산량의 증감에 관계없이 단기적으로는 변동이 없는 비용이 여기에 해당한다. 다른 말로 불변비용(不變費用 constant cost)이라고도 한다.

일반적으로 설비 · 기계 등의 감가상각비, 임대료 · 지불이자 · 재산세 · 연구개발비 · 광고비 · 사무비 등은 고정비로 분류된다. 이러한 비용은 단기적으로는 고정적이긴 하지만 장기적으로 본다면, 기업은 생산 및 판매의 규모를 변화시킬 수가 있으므로 그에 따라 이 비용들도 변동한다. 따라서, 장기적으로는 엄밀한 의미에서 고정비용은 존재하지 않는다고 할 수 있다.

減價償却 감가상각 Depreciation

한자: 減 덜 감 / 價 값 가 / 償 갚을 상 / 却 물리칠 각

직역: 떨어지는 값을 갚아버림 / 減價 – 값을 내림. 떨어진 가치. 償却 – 갚아 줌

풀이: 고정자산의 가치감소를 헤아려서 그 액수를 고정자산의 금액에서 공제함과 동시에
비용으로 계상하는 것

공장이나 기계·설비와 같은 유형의 고정자산에 대해서 시간의 경과에 따라 그 가치가 떨어지는 것에 대해 조금씩 비용으로 인식하는 것을 減價償却이라고 한다. 예를 들면 1,000원 짜리 비품 구입 시 현금 지출은 발생하지만 구입한 비품이 1,000원의 가치가 있으므로 비용은 발생하지 않는다. 그러나 이 비품은 시간이 경과할수록 소모되거나 파손되기도 하고, 기능이 떨어져 결국은 폐기 처분하게 된다. 이때 폐기 시점에 1,000원이라는 금액에 대해 손실 처리를 한다면 생산실적과 무관하게 비용이 과다하게 발생하여 손익에 중대한 영향을 끼치게 된다. 그뿐 아니라 기업의 재정 상태에 대한 정확한 파악을 가로막기도 한다. 이런 까닭에 고정자산에 대해서는 미래에 발생하는 폐기 비용을 일정한 기간에 나누어 배분하는 것이다.

요컨대 고정자산의 가치는 일정 기간마다 생산물로 이전된다고 할 수 있으므로 기업은 자산의 가치감소를 산정하여 그 금액을 고정자산의 금액에서 공제하고 비용으로 처리하는 것이다.

間接費 간접비 Indirect Cost

한자: 間 사이 간 / 接 이을 접 / 費 쓸 비

직역: 사이를 두고 이어진 비용.

間接 – 사이에 다른 것을 두고 이음 ↔ 直接 – 곧바로 이음

풀이: 개별 제품에 대해 직접적으로 파악할 수 없는 원가

間接費는 직접비에 대응하는 용어로, 여러 가지 제품의 생산에 공통적으로 쓰였기 때문에 개별 제품에 대해 직접적으로 적용할 수 없는 비용이다. 간접재료비, 간접노동비, 간접경비 따위가 이에 속하며 제품의 제조와 관련하여 발생하는 것을 제조간접비, 제품의 판매와 관련한 것을 판매간접비라 한다.

收益費用對應-原則 수익비용대응의 원칙

한자 : 收 거둘 수 / 益 더할 익 / 費 쓸 비 / 用 쓸 용 / 對 대할 대 / 應 응할 응 /
原 근원 원 / 則 법칙 칙

직역 : 수익과 비용이 대응하는 원칙
收益 - 이익을 거둠. 거두어 들인 이익. 對應 - 대하여 응함. 原則 - 근원이 되는 법칙

풀이 : 수익과 비용은 그 발생원천에 따라 명확하게 분류하고, 각 수익항목과 이에 관련되는 비용항목을 대응 표시하여야 한다는 원칙

收益費用對應의 原則은 기간손익계산(期間損益計算)을 중심으로 하는 기업회계원칙으로, 그 목적은 수익을 얻기 위하여 든 비용은 그 기간의 수익에서 그 기간의 비용을 대응시킴으로써 이익을 합리적으로 산출해내기 위함이다. 수익과 관련하여 발생한 비용을 그 수익과 대응하여 표시하기 때문에 비용-수익 대응의 원칙이라고도 한다.

期間計算 기간계산 Period Accountin

한자 : 期 기약할/때 기 / 間 사이 간 / 計 셀 계 / 算 셈 산

직역 : 기간 동안의 계산 / 期間 - 때와 때의 사이. 計算 - 셈함

풀이 : 기업에서 임의로 일정기간을 정하여 하는 손익계산

기업의 경영성과를 파악하기 위해서 임의의 기간을 정하여 하는 손익계산을 期

間計算이라고 한다. 기간손익계산(期間損益計算)이라고도 한다. 기간의 획정은 3개월·6개월·1년 등으로 구분하고, 기간에 속하는 수익과 비용을 산출하여 기업의 손익성과를 산정한다. 현대의 기업회계는 모두 기간계산에 의하여 손익을 산출하고 있다. 기업의 경영방침 계획에 중요한 자료로 활용된다.

◌◌ 경제 PLUS | 제사 지내는 순서

❶ 강신제 : 먼저 제주가 술을 따라 모사 그릇에 세 번에 나눠 비운 뒤 두 번 절한다.

❷ 제주는 술잔에 술을 따라주면 술잔을 세 번 돌린 후 상에 올린다.

　※ 기제사는 술잔을 세 번 올리고, 명절에는 한번 올린다.

❸ 제주는 젓가락을 시접에 세 번 굴린 뒤 음식이 담긴 그릇에 놓는다.

❹ 전체가 두 번 절한다.

　※ 절할 때에 남자는 왼손을 위로하고, 여자는 오른손을 위로한다.

❺ 젓가락을 제자리에 놓은 뒤 전체가 두 번 절한다.

❻ 지방을 떼어 불을 사르면 차례는 모두 끝난다.

談合行爲
담 합 행 위

한자 : 談 말씀 담 / 合 합할 합 / 行 다닐/행할 행 / 爲 할 위

직역 : 의논하여 합의하는 행위 / 談合 – 의논하여 합의함. 行爲 – 행함

풀이 : 경매나 입찰에 참가하는 사람들이 미리 입찰 가격이나 낙찰자 따위를 의논하여
정하는 행위

談 은 言+炎이다. 言(말씀 언)이 뜻이고 炎(불꽃 염)은 음이다. '말하다', '이야기하다' 라는 뜻으로 사용된다.

合 은 뚜껑이 있는 그릇을 본뜬 글자다. 뚜껑이 그릇에 딱 맞으니 '맞다', '합하다' 라는 뜻을 가지게 되었다.

行 은 네거리의 모양을 본뜬 글자다. 본래는 '네거리', '거리' 라는 뜻이었는데 여기에서 '다니다', '행하다' 라는 뜻이 파생되었다.

爲 는 爪+爲(象)이다. 爪(손톱 조)와 爲(象)(코끼리 상)이 모두 뜻이다. 손으로 코끼리를 잡아 일을 시키는 것을 표현한 것이다. '하다', '위하다', '되다' 라는 뜻으로 사용된다.

말이란 뜻을 가진 한자는 참으로 많다. 言(언), 語(어), 說(설), 話(화), 詞(사) 등이 모두 말이란 뜻이다. 입으로 하는 것이므로 모두 口(입 구)가 들어 있다. 말

에도 종류가 있다. 談·說·話는 이야기하는 것이다. 對話(대화), 座談(좌담), 說明(설명) 등이 있다. 言과 語는 소리와 문자를 포함하는 언어라는 의미가 있다. 言語(언어), 國語(국어), 外國語(외국어)가 있다. 詞는 名詞(명사), 動詞(동사), 副詞(부사)란 용례가 보여주듯 맡은(司 맡을 사) 역할이 분명한 말이다. 談合은 서로 이야기하여(談) 맞추는(合) 것이다. 사전에 말을 주고받으며 짜고 맞춘 것이다. 순우리말로는 짬짜미라고 하는데, 남모르게 하는 짓이므로 어딘지 구린내가 난다.

談合行爲는 사업자가 계약이나 협정 등의 방법으로 다른 사업자와 짜고 가격을 결정하거나 거래대상을 제한함으로써 자유 경쟁을 방해하는 부당 행위이다. 수작을 부렸으므로, 법으로 다스리게 된다. 공정거래법은 이 같은 부당 행위를 8가지 정도로 구분하였다. 가격 제한, 판매 제한, 생산 및 출고 제한, 거래 제한, 설비의 신설 및 증설 제한, 상품 종류 및 가격 제한, 회사 설립 제한, 사업 활동 제한 등이다. 위의 부당 행위가 적발될 경우, 공정거래위원회는 시정명령과 과징금 부과는 물론 형사고발 등의 제재 조치를 취할 수 있다.

獨寡占
독 과 점

한자 : 獨 홀로 독 / 寡 적을 과 / 占 점 점
직역 : 독점과 과점 / 獨占 – 혼자서 차지함. 寡占 – 몇몇이서 차지함
풀이 : 1개 회사 내지 수개 회사의 특정상품에 대한 시장점유율이 극도로 높은 상태

獨 은 犭+蜀이다. 犭(犬)(개 견)이 뜻이고 蜀(나라이름 촉)은 음이다. 犭이 들어간 한자는 대부분 짐승의 이름이거나 그 '성격', '행동' 과 관련된 뜻을 가진다. 蜀은 본래 벌레의 이름이었는데 중국 사천성을 가리키는 고유명사가 되었다. 獨은 본래 어떤 짐승의 이름이었는데 아마 짝이 없이 혼자 다녔나보다. 뜻이 '홀로, 혼자' 이다. 혼자이므로 '외롭' 기도 하다.

寡 는 宀+頁+分이다. 宀(집 면)은 집이다. 宀이 들어간 한자는 대부분 집과 관련된 뜻을 가진다. 頁(머리 혈)은 머리이다. 머리가 큰 사람으로 특수한 신분을 표현할 때 사용된다. 집안에서 지위가 높은 '적은' 수의 사람을 가리킨다. 分(나눌 분)은 '나누다' 인데, '적다' 라는 뜻을 강조하기 위해 덧붙여졌다. '몇몇' 을 가리키기도 한다.

占 은 卜+口이다. 卜(점 복)은 옛날 중국 은나라 때 거북이 배딱지로 점 치는 것을 표현한 것이다. 거북의 배딱지에 나타난 균열을 본떠 만든 글자이다. 口(입 구)는 입이므로 占은 점친 내용을 입으로 말하는 것이다. 나중에 '점유하다', '차지하다' 라는 뜻도 가지게 되었다.

獨寡占은 獨占과 寡占의 합성어이다. 獨占(Monopoly)은 특정 자본이 생산과 시장을 지배하고 있는 상태이고, 寡占(Oligopoly)은 소수의 거대기업이 시장의 대부분을 지배하는 형태이므로 독과점은 1개 회사 내지 수개 회사의 특정상품에 대한 시장점유율이 극도로 높은 상태를 나타낸 것이다.

獨占 시장은 일반적으로 공급자가 하나(공급 독점)이거나 수요자가 하나(수요 독점)인 경우를 말하지만, 우리나라에서는 한 기업의 점유율이 50% 이상인 경우를 말한다.

寡占 시장은 몇몇 기업이 시장을 지배하는 경우로, 우리나라에서 상위 3개 기업의 시장 점유율이 75% 이상이면 시장 지배적 사업자라고 한다.

獨占禁止法 독점금지법 Antitrust law

한자 : 獨 홀로 독 / 占 점 점 / 禁 금할 금 / 止 그칠 지 / 法 법 법
직역 : 독점을 금지하는 법 / 禁止 – 금하여 그만두게 함
풀이 : 불공정 또는 독점적 영업활동을 금지하는 법

獨占禁止法은 공정하고 자유로운 영업 또는 상거래를 제한하는 모든 계약, 단결 또는 공모 따위를 위법으로 보아 금한다. 요컨대 불공정한 영업이나 독점적 영업활동을 금지하는 법이다. 1890년 미국에서 셔먼의 제안에 따라 처음으로 독점금지법이 제정되었다. 제안자인 셔먼의 이름을 따서 셔먼법(Sherman Antitrust Act)이라고도 한다.

獨占價格 독점가격 Monopolistic Price

한자 : 獨 홀로 독 / 占 점 점 / 價 값 가 / 格 격식 격
직역 : 독점적인 값

풀이 : 독점기업이 독점이윤을 얻기 위하여 생산물을 시장가격 이상으로 인상하여
　　　 판매하는 가격

재화의 수요나 공급에 있어 경쟁이 없거나 제한된 상태를 독점이라 한다. 독점기업이 이윤이 가장 최대가 되도록 일방적으로 정한 가격을 獨占價格이라 한다.

👀 경제 PLUS　오늘날의 선진자본주의 국가의 산업에서는 소수의 거대기업이 공급량의 대부분을 장악하고 있으며, 이들 대기업은 서로 가격인하경쟁 등으로는 경쟁상대를 쓰러뜨릴 수 없다는 것을 알고 있기 때문에, 카르텔이나 기타 각종 협정으로 공존(共存)을 꾀하고 있으며, 한편으로는 가격경쟁 이외의 다른 수단을 이용하여 치열한 경쟁을 벌이게 되는데, 이 경쟁은 서로 자사(自社)의 행동에 대한 상대방의 태도와 반응을 고려하면서 행해진다.

이와 같은 과점경제에서는 소유와 경영의 분리가 극심해지며, 가격수준은 과점기업에 의해 결정되기 때문에 가격하락 요인이 있어도 값을 내리려 하지 않고 반대로 임금상승과 함께 가격인상이 이루어져서 만성적인 인플레이션이 되기 쉽다.

無償增資

무 상 증 자

한자 : 無 없을 무 / 償 갚을 상 / 增 붙을 증 / 資 재물 자

직역 : 무상으로 증자함/ 無償 – 보상이 없음. 增資 – 재물을 불림

풀이 : 적립금의 자본 전입이나 주식 배당 따위의 출자와 같이 자본의 법률상 증가만을
가져오는 명목상의 증자

無 는 양 손에 무구(舞 춤출 무 / 具 갖출 구)를 들고 춤추는 모습을 본떠
만든 글자다. 이 글자가 '없다' 라는 뜻으로 더 많이 사용되자 '춤추
다' 라는 뜻을 위해서는 아래에 두 발의 모양을 본뜬 글자인 舛(어그러질 천)을
덧붙여 舞(춤출 무)를 따로 만들었다.

償 은 亻+賞이다. 亻(사람 인)이 뜻이고 賞(상줄 상)은 음이다. '돌려주
다', '갚다' 라는 뜻을 나타냈다.

增 은 土+曾이다. 土(흙 토)가 뜻이고 曾(일찍 증)은 음이다. 흙을 더하여
돋우는 것을 표현한 글자다. '더하다', '붙다' 라는 뜻도 갖게 되었다.

資 는 次+貝다. 次(버금 차)가 음이고 貝(조개 패)는 뜻이다. '재물', '밑
천', '비용' 등의 뜻으로 사용된다.

無償增資는 유상증자(有償增資)와 대응되는 개념으로, 무상으로 주식을 배

당하여 자본을 늘리는 것이다. 즉 공짜로 주식을 주는 것이다.

요컨대 돈을 받고 주식을 파는 것을 유상증자라 하고, 그냥 주는 것을 무상증자라고 할 수 있다. 자세히 설명하자면, 기업이 자금 확보를 위해 새 주식을 발행하여 기존 주주들에게 저렴한 가격으로 주식을 배정하거나 일반인에게 판매하는 것은 유상증자에 해당하고, 기존 주주에게 공짜로 주식을 배당하는 것을 무상증자라고 한다.

무상증자는 기업이 자본잉여금과 이익잉여금을 이용하여 발행한 신주(新株: 새로 발행한 주식)를 주주를 대신하여 기업이 가격을 지불하고서 주주에게 무상으로 신주를 배당하는 것이다. 영업이익이 발생했을 때 기업이 주주에게 돈으로 배당을 하면 이익이 밖으로 유출되는 데 비해, 무상증자를 하면 자본금이 늘어나는 효과를 볼 수 있다.

無換輸出
무 환 수 출

한자 : 無 없을 무 / 換 바꿀 환 / 輸 나를 수 / 出 날 출

직역 : 환 없이 수출함 / 換 – 바꿈. 교환. 輸出 – 물건을 바깥으로 나름

풀이 : 가격의 전부 또는 일부에 대해 외국환이 체결되지 않은 상태로 행해지는 수출

無 는 양 손에 무구(舞 춤출 무 / 具 갖출 구)를 들고 춤추는 모습을 본떠 만든 글자다. 이 글자가 '없다' 라는 뜻으로 더 많이 사용되자 '춤추다' 라는 뜻을 위해서는 아래에 두 발의 모양을 본뜬 글자인 舛(어그러질 천)을 덧붙여 舞(춤출 무)를 따로 만들었다.

換 은 扌+奐이다. 扌(手)(손 수)가 뜻이고 奐(빛날 환)은 음이다. 손에 물건을 들고 서로 바꾸는 모습을 표현한 것이다. 멀리 떨어져 있는 사람에게 돈을 보낼 때 어음이나 수표로 송금하는 방법을 '환' 이라고 한다. 환전(換錢)의 줄임말이다.

輸 는 車+兪다. 車(수레 차)가 뜻이고 兪(그러할 유)가 음이다. '수레로 물건을 실어 나르다' 라는 뜻을 나타냈다.

出 은 凵+屮다. 凵은 집이고 屮(止)은 발이다. 집에서 밖으로 걸어나오는 발을 나타낸 것이다. '나가다', '내보내다' 등의 뜻을 가진다.

無換輸出은 수출한 화물대금의 일부 또는 전부에 대해 환으로 대금 결제를 하지 않고 무상으로 수출하는 것을 말한다. 송금, 증권이나 상품에 의한 자본 수출, 구호물, 견본품, 여행자의 휴대품 따위가 있다. 이는 외화 획득에 기여하지 않고, 자본의 해외 도피 수단이 되기 쉬우므로 환 관리상 특별한 규제를 받는 일이 있다.

한자는 어떻게 만들어졌을까?

위는 行의 옛날 글자이다. 옛날 글자에서 行은 길, 네거리를 가리킨다.

모든 길은 로마로 통한다고 하였지만, 중국은 로마의 도로망과는 비교가 되지 않는 역사를 자랑한다. 도로가 발달하면 교통과 상업이 덩달아 발달하게 된다. 수천년 전 은나라 때부터 도로관리인을 따로 두었으며, 주나라 때에는 질서를 부여하기 위해 도로폭과 통행하는 대상에 따라 길을 5종류로 나누었다. 이처럼 오랜 옛날부터 중국인들이 길에 대해 지대한 관심을 보인 것은 길의 쓰임새 때문이다. 사방과 통하게 해주는 길을 따라 상업이 발달하고, 멀리로는 서역과 무역을 할 수 있었다. 비단길이 그것이다. 그래서 行은 '길', '다니다'라는 뜻 외에도 '상인회', '가게'라는 뜻도 가지게 된 것이다.

行의 왼쪽 부분인 彳(조금걸을 척)은 길의 일부분 또는 다리와 관련이 있다. 그래서 彳이 들어가는 한자는 '길', '걷다', '신발'과 관계 깊은 뜻을 이룬다. 徑(지름길 경), 往(갈 왕), 履(신 리) 등이 있다.

比 率

비   율

한자 : 比 견줄 비 / 率 율 률
직역 : 견주었을 때의 율
풀이 : 다른 수나 양에 대한 어떤 수나 양의 비(比). 그냥 率이라고도 함

比 는 두 사람이 나란히 있는 모습이다. '견주다', '따르다' 라는 뜻이 여기에서 나왔다. 北은 이와 반대다. 두 사람이 서로 등지고 있는 모습니다. 본래의 뜻과 음은 '달아날 배' 고, '북녘 북' 으로 가차되기도 했다.

率 은 새를 잡기 위해 만든 그물을 본떠 만든 글자다. '그물' 이라는 뜻이었는데, 나중에 '거느리다' [인솔 : 引(끌 인) 率(거느릴 솔)], '꾸밈없다' [솔직 : 率(꾸밈없을 솔) 直(곧을 직)]. '비율' [비율 : 比(견줄 비) 率(비율 율)]이라는 뜻으로 가차되었다.

比率은 비교하여 세는 것, 서로 비교하는 것이다. 다른 수나 양에 대한 어떤 수나 양의 비를 뜻한다.

成長率

성 장 률

한자 : 成 이룰 성 / 長 긴/자랄 장 / 率 율 률
직역 : 성장의 비율 / 成長 – 자람
풀이 : 성장 정도를 어떤 기준에 맞춰 산출한 비율

成 은 戊+丁이다. 戊(천간 무)가 뜻이고 丁(장정 정)은 음이다. 戊는 창 모양을 본뜬 글자였는데, 나중에 다섯째 천간으로 사용되었다. 창과 같은 무기를 들고 하고자 하는 일을 이루는 것을 나타낸 것이다.

長 은 긴 머리를 휘날리며 서 있는 어른의 모습을 본뜬 글자이다. 머리를 자르지 않고 살던 시대에는 머리가 길수록 어른이었다. '길다', '어른', '우두머리', '대표' 등의 뜻은 이런 연관성을 가지고 있다.

率 은 새를 잡기 위해 만든 그물을 본떠 만든 글자다. '그물'이라는 뜻이었는데, 나중에 '거느리다'[인솔 : 引(끌 인) 率(거느릴 솔)], '꾸밈없다'[솔직 : 率(꾸밈없을 솔) 直(곧을 직)]. '비율'[비율 : 比(견줄 비) 率(비율 율)]이라는 뜻으로 가차되었다.

成長率은 성장 정도를 어떤 기준에 맞춰 산출한 비율이다. 다음은 성장률과 관련된 용어이다.

經濟成長率 경제성장률 Rate of Economic Growth

한자 : 經 다스릴 경 / 濟 건널/건질 제 / 成 이룰 성 / 長 긴/자랄 장 / 率 율 률
직역 : 경제의 성장 비율 / 經濟 – 경세제민의 줄임말. 세상을 다스리고 백성을 건짐
풀이 : 국민이 일정 기간(보통은 1년)에 성취한 경제성장의 비율

經濟成長率은 일정기간 동안 국민경제의 규모가 성장하는 속도를 가리킨다.
경제성장률을 산출하는 공식은 다음과 같다.

[국민총생산 : G1, 전년의 실질국민총생산 : G0, 경제성장률 : R]

$$\frac{G1 - G0}{G0} \times 100 = R(\%)$$

이와 같이 경제성장률은 실질액의 증가율이므로, 實質經濟成長率(실질성장률)
이라고도 한다. 또 국민총생산(GNP)의 크기는 화폐(금액)로 표시한 것이기 때문
에 이때의 성장률을 名目成長率(명목성장률)이라고도 한다.

實質經濟成長率 실질경제성장률 Real Growth Rate

한자 : 實 참 실 / 質 바탕 질 / 經 다스릴 경 / 濟 건널 제 / 成 이룰 성 / 長 긴/자랄 장 / 率 율 률
직역 : 실질적인 경제의 성장률 / 實質 – 실제로 있는 바탕
풀이 : 실질국민소득이나 실질국민총생산이 일정기간에 얼마나 증가했는가를 나타내는 비율

實質成長率(실질성장률)이라고도 한다. 實質經濟成長率은 실질국민총생산에
서 산출한 경제 성장률이나 물가 변동에 의한 영향을 반영한 실질국민소득을 말
한다. 인플레이션이 심할수록 명목성장률에 비해 수치가 낮아진다.
실질경제성장률은 명목성장률에서 물가인상률을 빼서 구할 수도 있고, 다음과
같은 공식으로 산출할 수도 있다.

[실질국민소득(총생산) : G1, 전년의 실질국민소득(총생산): G0, 실질경제성장률 : r]

$$G1-G0 \text{ 또는 } G0 \times 100 = r(\%)$$

우리나라의 역대 대통령 집권기간별 실질경제 성장률 〈자료출처 KOIS 국제통계〉

집권자 및 기간	한국(%)	대만(%)
이승만 · 장면(53~61년)	4.1	7.3
박정희(61~79)	8.5	10.0
최규하(79~81)	2.1	6.7
전두환(81~88)	9.3	8.5
노태우(88~93)	7.0	7.1
김영삼(93~98)	4.3	6.2
김대중(98~03)	6.8	3.1

名目成長率 명목성장률 Nominal Growth Rate

한자 : 名 이름 명 / 目 눈/항목 목 / 成 이룰 성 / 長 긴/자랄 장 / 率 율 률

직역 : 명목상의 성장률 / 名目 - 이름과 항목

풀이 : 명목, 즉 시가(時價)로 계측한 국민경제의 성장률

경제성장률은 전년도에 비해 증가한 국민총생산의 비율로, 실질성장률과 명목성장률을 총괄한다. 실질과 명목은 서로 대비되는 개념이다. 사과를 예로 들면, 박스 겉면에 20kg이라고 적혀있지만, 실제로 박스에 든 사과의 총무게가 18.5kg이라면 앞의 20이란 수치가 명목이고, 뒤의 18.5란 수치가 실질인 것이다. 성장률이라고 할 때에는 실질국민총생산의 전년도 대비 증가율로 표시하는 것이 일반적이다. 時價(시가: 당시의 화폐가치)로 계측한 명목상의 경제성장률을 실질성장률과 구별하여 名目成長率이라고 한다.

適正成長率 적정성장률 Warranted Rate of Growth

한자 : 適 갈/맞을 적 / 正 바를 정 / 成 이룰 성 / 長 긴/자랄 장 / 率 율 률

직역 : 적정한 성장률 / 適正 - 알맞고 바름

풀이 : 자본재의 공급과 수요가 일치하고 있을 경우의 경제성장률

適正成長率은 R.F. 해로드의 경제성장률 개념의 하나로, 기업의 최대이윤추구라는 관점에서 자본재에 대한 최적의 이용율을 나타내는 수치이다. 보증성장률, 완전이용성장률이라고도 한다.

자본재의 공급과 수요가 일치하는 시점에서는 자본설비가 완전가동상태에 놓이게 된다. 이때 기업가가 만족할 수 있는 성장률, 즉 기업가가 極大利潤(극대이윤)을 얻을 수 있는 상태를 말한다.

資本-限界效率 자본의 한계효율 Marginal Efficiency of Capital

한자 : 資 재물 자 / 本 근본 본 / 限 한계 한 / 界 지경 계 / 效 본받을/보람 효 / 率 율 률

직역 : 자본이 갖는 효율의 한계 / 限界 - 범위를 한정함. 한정되는 범위. 效率 - 보람의 비율

풀이 : 기업가가 자본을 1단위 증가하려고 할 때, 그 신자본이 산출하게 되리라고
　　　 예상되는 수익률

資本의 限界效率은 J.M. 케인스에 의하여 도입된 개념으로, 어떤 자본재가 그 내구기간 동안 얻을 수 있다고 예상되는 수익을 현재가격으로 환산한 할인율이다. 장기적으로 볼 때 케인스는 이 효율이 저하하는 경향을 가진다고 했다. 예를 들면 어느 자산의 존속 기간을 2년으로 한다면, 1년의 마지막에 110만원의 수익을, 2년의 마지막에는 121만원의 수익을 올릴 것으로 예상하여 그 자산을 2년에 걸쳐 모두 사용하고 새로이 같은 자산을 손에 넣을 비용을 200만원이라고 한다면 자본의 한계효율은 10%가 된다. 資本의 限界效率이 시중 금리보다 높은 한, 그 투자는 이윤을 얻을 수 있으므로 실행에 옮겨진다.

차례상 차리기, 물러서지 말자

●제상은 북쪽에 설치하는 것이 원칙이나 사정상 그렇지 못할 경우는 제상 방향을 북(北)으로 하여 오른쪽을 동(東) 왼쪽을 서(西)로 간주한다.

●통상 5줄로 맨 앞줄에 과일, 둘째줄에 포(脯)와 나물, 셋째줄에 탕(湯), 넷째 줄에 적(炙)과 전(煎), 다섯째 줄에 밥과 국을 차린다. 밥(메)과 국(갱)은 앞쪽에 서 보아 왼쪽이 밥, 오른쪽이 국이 되게 차린다.

●옛날에는 두분(고비)을 모실 때 각각의 제수를 따로 차렸으나 합설(같이 차 림)을 한다. 그러나 따로 담아야 할 것은 구분한다.

각설 : 산사람도 따로 담아서 먹는 메(밥), 갱(국), 술, 숭늉은 따로 담는다.

합설 : 반찬과 과일은 한 접시에 담고, 수저는 한 접시에 신위수대로 담아 중 앙에 놓는다.

●생선은 배가 신위쪽(북쪽)을 향하고 닭, 생선포 등은 등이 위쪽, 배가 아래 쪽이 되게 담는다.

●동서(東西)의 진설

· 좌포우혜(左脯右醯) : 포(문어, 명태, 오징어) 침채(김치, 동치미) 숙채,
　　　　　　　　　　　청장(간장) 식혜 순

· 어동육서(魚東肉西) : 어물은 동쪽, 육류는 서쪽.

· 홍동백서(紅東白西) : 붉은색의 과일은 동쪽, 흰색은 서쪽.

· 조율시이(棗栗柿梨) : 대추, 밤, 감, 배의 순서대로 놓는다.

· 두동미서(頭東尾西) : 생선의 머리는 동쪽, 꼬리는 서쪽.

· 반좌갱우(飯左羹右) : 밥은 왼쪽, 국은 오른쪽.

· 생동숙서(生東熟西) : 생 것(김치)은 동쪽, 익힌 것(나물)은 서쪽.

· 시접거중(匙摺居中) : 수저를 담은 그릇은 신위 앞 중앙에, 합설인 경우
한 접시에 놓는다.

· 적접거중(炙摺居中) : 적(구이)은 중앙에 놓는다.

· 건좌습우(乾左濕右) : 마른 것은 왼쪽에, 젖은 것은 오른쪽에 놓는다.

· 접동잔서(摺東盞西) : 접시는 동쪽에, 잔은 서쪽에 놓는다.

· 남좌여우(男左女右) : 제사의 왼쪽은 남자, 오른쪽은 여자

· 좌면우병(左麵右餅) : 2열 좌측에 국수를, 우측에 떡을 놓는다.

● 금기 음식물

· 고추나 마늘을 사용하지 않는다(일부 지방에서는 김치를 올리는데, 이때는 고추가
루가 들어가지 않은 백김치다).

· 생선 중에서 비늘이 없는 고등어나 삼치 등은 올리지 않는다.

· 치(稚 어릴 치)자가 들어가는 생선 (준치, 넙치, 날치, 멸치, 꽁치, 갈치, 한치 등)은
올리지 않는다.

· 옛날 사람들은 복숭아 나무가 요사스런 기운을 몰아내고 귀신을 쫓는 힘이 있
다고 믿었다. 그러므로 복숭아도 올리지 않는다

· 바나나, 오렌지, 수입 포도 등 국내에서 재배되지 않는 과일을 제사상에 올리
는 경우도 있는데, 여기에 대해서는 어떤 제한이나 금기는 없다.

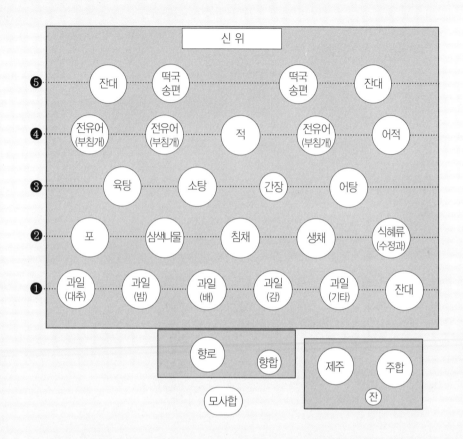

신 위

| | | 떡국 | | 떡국 | |
| 잔대 | | 송편 | | 송편 | 잔대 |

⑤

| 전유어 | 전유어 | | 전유어 | |
| (부침개) | (부침개) | 적 | (부침개) | 어적 |

④

| 육탕 | 소탕 | 간장 | 어탕 |

③

| 포 | 삼색나물 | 침채 | 생채 | 식혜류 (수정과) |

②

| 과일 | 과일 | 과일 | 과일 | 과일 | |
| (대추) | (밤) | (배) | (감) | (기타) | 잔대 |

①

향로 향합

모사합

제주 주합

잔

❶ 과일을 놓는 줄

좌측부터 대추, 밤, 배(사과), 감(곶감)의 순서로 차린다. 다른 과일들은 정해진 순서는 없으나, 나무 과일, 넝쿨 과일 순으로 차린다. 과일 줄의 끝에는 과자 류를 놓는다.

❷ 반찬을 놓는 줄

좌측 끝에는 포(북어, 대구, 오징어포)를 놓고, 우측 끝에는 식혜류(수정과)를 놓 는다. 중간의 나물반찬은 콩나물, 숙주나물, 무나물 순으로 올린다. 고사리,

도라지나물 등을 쓰기도 하며 청장(간장), 침채(동치미, 설명절) 등은 그 다음에 올린다.

❸ 탕을 놓는 줄
보통 세 개의 탕을 만들어 육탕(肉湯 ; 육류 탕), 소탕(素湯 ; 두부,채소류 탕), 어탕(魚湯 ; 어류 탕)의 순으로 놓는다. 탕을 다섯 개 올릴 경우에는 봉탕(닭, 오리 탕), 잡탕 등을 더 올린다.

❹ 적(炙)과 전(煎)을 놓는 줄
보통 3적으로 육적(肉炙 ;고기류 적), 어적(魚炙 ;생선류 적), 소적(素炙 ;두부,채소류 적)의 순서로 놓는다. 적(炙)은 생선이나 고기,채소 따위를 대 꼬챙이에 꿰어서 양념하여 굽거나 번철에 지진 음식이고, 전(煎)은 재료를 얄팍하게 썰어 밀가루를 묻힌 다음 번철에 기름을 두르고 지진 음식(부침개)을 말한다.

❺ 술잔과 송편을 놓는 줄
앞에서 볼 때 떡국(송편)은 우측에 술잔은 좌측에 올린다. 시접(수저를 놓는 빈 대접)은 단위제(한 분을 모신)의 경우에 앞에서 볼 때 왼쪽 위치에 놓으며 양위합제(두 분을 모신)의 경우에는 중간에 올린다.

향로 향합
향상은 제사상 앞에 두고 축문, 향로, 향합을 올려놓으며, 향로 뒤쪽에 모사 그릇을 놓는다. 퇴주 그릇과 술등은 제사상 오른쪽에 별도의 상에 올린다.

換 率
환   율

한자 : 換 바꿀 환 / 率 율 률

직역 : 교환 비율 / 換 – 바꿈. 교환

풀이 : 두 나라 사이의 통화의 교환 비율

換 은 扌+奐이다. 扌(手)(손 수)가 뜻이고 奐(빛날 환)은 음이다. 손에 물건을 들고 서로 바꾸는 모습을 표현한 것이다. 멀리 떨어져 있는 사람에게 돈을 보낼 때 어음이나 수표로 송금하는 방법을 '환'이라고 한다. 환전(換錢)의 줄임말이다.

率 은 새를 잡기 위해 만든 그물을 본떠 만든 글자다. '그물'이라는 뜻이었는데, 나중에 '거느리다'[인솔 : 引(끌 인) 率(거느릴 솔)], '꾸밈없다'[솔직 : 率(꾸밈없을 솔) 直(곧을 직)], '비율'[비율 : 比(견줄 비) 率(비율 율)]이라는 뜻으로 가차되었다.

換率은 두 나라 사이의 통화의 교환 비율을 말한다. 외국환 시세(Rate of Foreign Exchange)·외환시세라고도 한다. 일반적으로 미국달러와 자국 화폐의 교환 비율을 가리킨다. 각국 통화의 가치가 특정한 금속(금: Gold)이나 다른 표준으로 측정되는 경우 환율은 고정된다. 수요·공급의 변동에 의해 환율이 결정되는 경우 환율은 변동한다.

固定換率制 고정환율제 Fixed Exchange Rate System

한자 : 固 굳을 고 / 定 정할 정 / 換 바꿀 환 / 率 율 률 / 制 마를/법 제

직역 : 환율이 고정된 제도 / 固定 – 굳게 정함

풀이 : 외환시세의 변동을 전혀 인정하지 않고 고정시켜 놓은 환율제도

固定換率制는 환율이 움직이지 않고 고정된 것이다. 구체적으로는 통화의 교환
비율을 金(금)과 같은 특정한 기준에 고정시킨 것을 말한다. 금본위제도하에서의
환율제도가 그 전형적인 것이며, 변동폭을 상하 1% 이내로 한정하였던 국제통화
기금(IMF) 체제하의 환율도 이에 포함된다. 환리스크(換 Risk)를 줄여주는 장점
때문에 여러 나라에서 채택하여 왔으나, 국제수지 불균등 정도에 따라 대폭적인
平價變動(평가변동)이 필요한 단점이 있다. 우리나라는 오랫동안 고정환율제를
시행하였으나, 1990년 3월부터 변동환율제도를 실시하고 있다

變動換率制 변동환율제 Floating Exchange Rate System

한자 : 變 변할 변 / 動 움직일 동 / 換 바꿀 환 / 率 율 률 / 制 마를/법 제

직역 : 환율이 변동하는 제도 / 變動 – 변하여 움직임

풀이 : 각국의 통화가치를 고정시키지 않고 외환시장의 수급상태에 따라 자유롭게
변동하도록 하는 제도

變動換率制는 수요공급에 따라 환율이 연동하도록 한 제도이다. 1978년 4월에
국제통화기금(IMF)이 각국에 환율제도의 선택권을 부여함으로써 변동환율제를
인정했다. 국제경제가 변동환율제를 채택하면서부터 환리스크를 줄이기 위한 파
생금융상품이 등장하게 되었다. 수입이 증가하면 재화의 수요도 증가하여 환율
이 평가절하되고 이어서 수입품의 가격이 상승할 것이다. 재화의 가격 상승은 수
요의 감소를 불러 자국통화의 가치가 다른 나라의 통화에 비해 상대적으로 떨어
지게 된다. 그 결과 자국 재화의 해외수출 가격이 하락하고 수요가 증가하여 수

출이 증가하게 된다. 변동환율제하의 국제무역에서 각국 정부는 자국의 환율을 안정시키기 위해 수입제한·수출장려·평가절하 등을 통해 시장에 직접 개입하고 있다.

價格表示通貨 가격표시통화 Term Currency

한자 : 價 값 가 / 格 격식 격 / 表 겉 표 / 示 보일 시 / 通 통할 통 / 貨 재화 화

직역 : 가격을 표시한 통화 / 表示 – 겉으로 보여줌. 通貨 – 유통되는 재화

풀이 : 환율표시에 있어 상품통화의 가격을 표시하는 통화

동음이의어 : 通話 – 전화로 말을 주고받음

價格表示通貨는 환율표시에 있어, 상품통화의 가격을 표시해 주는 통화를 말한다. 예를 들면 US$1=₩940에서 ₩(원)이 가격표시통화이다. 환차익을 극대화하거나 환차손을 극소화하기 위하여 기업이 수출할 때에는 강세통화를 표시통화로 사용하고, 수입할 때에는 약세통화를 표시통화로 사용하기도 한다. 이를 價格表示通貨政策이라고 하며, 가격조정(Price Variation)과 함께 환위험을 관리하는 가격정책(Pricing Policy)의 중요한 요소가 된다. 가격조정은 환율변동으로 인한 손실을 방지하기 위하여 상품의 가격을 적시에 인상하는 것을 말한다.

平價切上 평가절상 Revaluation

한자 : 平 평평할/고를/보통 평 / 價 값 가 / 切 끊을/벨/절박할/정성스러울/중요로울 절 / 上 위 상

직역 : 평균 값을 올림 / 平價 – 보통 값. 평균 값. 값이 같아짐. 切上 – 딱 끊어서 올림

풀이 : 어떤 나라의 통화의 대외적 가치를 올리는 것

평가절상은 자국통화의 가치를 올리는 것이므로 수출가가 비싸지는 효과가 발생하여 수출은 감소하고 수입은 증가한다. 平價切上을 換率引下(환율인하)라고도 한다.

平價切下 평가절하 Devaluation

한자 : 平 평평할/고를/보통 **평** / 價 값 **가** / 切 끊을/벨/절박할/정성스러울/중요로울 **절** / 下 아래 **하**

직역 : 통화의 가치가 내려감 / 切下 – 딱 끊어 내림

풀이 : 어떤 나라의 통화의 대외 가치를 떨어뜨리는 것

평가를 절하하면 수출 가격은 낮아져 수출이 늘어나며, 수입품의 가격이 상승하여 수입 억제 효과도 있어 국제 수지 개선에 기여하나, 국내 물가가 오르게 된다. 平價切下를 換率引上(환율인상)이라고 한다.

賣 買
매　　매

한자 : 賣 팔 매 / 買 살 매

직역 : 팔고 삼

풀이 : 물건을 팔고 사는 일

賣 는 士+買다. 士(出)(날 출)이 뜻이고 買(살 매)는 뜻과 음이다. 산 물건이 다시 나간다. 결국 사들인 물건을 얼마의 이윤을 남기고 다시 파는 것을 표현한 것이다.

買 는 罒+貝다. 罒(网)(그물 망)과 貝(조개 패)가 모두 뜻이다. 貝는 '재물', '돈'이다. 그물로 조개를 거두어들이듯 물건을 사들이는 것을 표현한 것이다.

賣買는 당사자의 한쪽(매도인)이 어떤 재산권을 상대방에게 이전할 것을 약정하고 상대방(매수인)이 이에 대하여 그 대금을 지급할 것을 약정함으로써 성립되는 계약이다.

다음은 賣買 또는 賣, 買와 관계된 용어이다.

買入 매입

한자 : 買 살 매 / 入 들 입

풀이 : 물품 따위를 사들임. 사기. 사들이기

Dollor買入 달러매입

풀이 : 자국통화의 환시세가 달러와 연계되어 정해지는 나라에서 환시세가 떨어질

전망이 있을 경우, 자국통화로 달러를 사두었다가 환시세가 떨어졌을 때 이를

자국통화로 바꾸어 환차익을 얻는 일

買入債務 매입채무

한자 : 買 살 매 / 入 들 입 / 債 빚 채 / 務 힘쓸 무

직역 : 사들인 빚 / 債務 – 빚과 관련된 의무

풀이 : 대차대조표에서 부채항목의 하나로, 지급어음과 외상매입금의 합계

지급어음은 거래처와의 사이에 발생한 어음상의 채무이며 미리 정한 기일까지 지급할 것을 약속한 부채이다. 외상매입금도 거래처와의 거래에서 발생한 미불금이다. 이러한 구매행위에 대한 대금미지급의 부채를 買入債務라고 한다. 즉 상품을 외상으로 매입하면서 발생한 빚인 셈이다. 일반적으로 경기가 악화되거나 자금회전이 어려워지면 기업에서는 되도록 매입채무를 증가시킴으로써 곤란을 극복하려 한다. 이에 대하여 받을 어음과 외상매출금의 합계는 매출채권이라고 하며 매입채무와는 정반대가 된다.

바이어 Buyer

풀이 : 무역에서, 수출물품을 매입(買入)하는 사람

판매자에 대한 구매자를 일컫는 말로, 자국 수입상을 통하여 외국산 상품을 사들이는 실수요자를 뜻한다. 제2차 세계대전 후로는 외국의 판매자와 직접 교섭하여 외국산 상품을 사들이는 구매자로 사용되는 경우가 많다. 이런 의미에서 자국을 방문하는 외국측 구매자에 대해 바이어(Buyer)라고 한다.

買辦資本 매판자본

한자 : 買 살 매 / 辦 힘쓸 판 / 資 재물 자 / 本 근본 본

직역 : 사는 데 힘쓰는 자본 / 買辦 – 사는 데 힘씀

풀이 : 외국자본과 결탁하여 사익을 채우면서 자국에 대한 외국자본의 착취를 조장하는 토착 자본.

買辦資本은 식민지나 후진국에서 외국자본의 앞잡이 노릇으로 중간에서 이윤을 착취해서 私利(사리)를 채우는 토착 중간상인이 다루는 반민족적 자본을 말한다. 원래는 1770년 무렵부터 청나라에 있었던 외국 商館(상관)과 영사관 등에서 중국 상인과의 거래 중개를 맡기기 위하여 고용하였던 중국인을 가리키던 말이었다. 이들이 열강의 자본과 결탁해 폭리를 취하자 이후부터 '私利(사리)를 위하여 외국 자본과 결탁하여 제 나라의 이익을 해치는 일이나 그런 일을 하는 사람'을 가리키는 부정적인 의미로 쓰이게 되었다. 최근 제 3세계론에서는 그 개념이 보다 엄밀해져서, '저개발 국가에서 매판적 엘리트들이 선진자본주의 국가의 지배 집단과 교역관계를 맺음으로써 자신들의 이익을 보호·유지할 뿐만 아니라 선진 자본주의 국가의 착취를 조장하는 자본'이라고 규정했다.

賣出 매출

한자 : 賣 팔 매 / 出 날 출

직역 : 팔아 내보냄

풀이 : 물건을 내다 파는 일

賣渡 매도

한자 : 賣 팔 매 / 渡 건널/건널 도

직역 : 팔아 넘김

풀이 : 값을 받고 물건의 소유권을 타인에게 넘김

賣出金 매출금

한자 : 賣 팔 매 / 出 날 출 / 金 쇠 금

직역 : 판 돈

풀이 : 물건을 판 돈

賣上 매상, 賣上高 매상고

한자 : 賣 팔 매 / 上 위 상 / 高 높을 고

직역 : 팔아서 쌓아 올린 수량이나 돈의 높이 / 賣上 – 팔아서 쌓아 올림

풀이 : 일정한 기간 동안 상품을 판 수량이나 대금의 총계. 판매액

賣却 매각 ↔ 買收 매수

한자 : 賣 팔 매 / 却 물리칠 각 / 買 살 매 / 收 거둘 수

직역 : 賣却 – 팔아 치움. 買收 – 사들임

풀이 : 賣却 – 물건을 팔아 버림 ↔ 買收 – 물건을 사들임

生 産
생 산

한자 : 生 날 생 / 産 낳을 산

직역 : 낳음. 생산 / 生産 – 낳거나 만들어 냄

풀이 : 인간이 생활하는 데 필요한 각종 물건을 만들어 냄

주의 : 사람이 아이를 낳거나 동물이 새끼를 낳는 일을 예스럽게 표현하여 生産이라고도 함

生 은 새싹이 돋아난 모양을 본떴다. '태어나다', '살아있다' 라는 뜻으로 사용된다.

産 은 产+生이다. 产(彦)(선비 언)이 음이고 生날 생이 뜻이다. '낳다', '생산하다' 라는 뜻이다.

生産은 생물을 낳거나 물건을 만들어 내는 모든 것을 이른다.

다음은 生産과 관련된 용어이다.

國內總生産 국내총생산 GDP: Gross Domestic Product

한자 : 國 나라 국 / 內 안 내 / 總 거느릴/다 총 / 生 날 생 / 産 낳을 산

직역 : 국내에서 생산한 모든 것 / 國內 – 나라 안. 總 – 전부, 모두, 다

풀이 : 일정기간 동안에 국내에서 생산된 모든 생산물의 시장가치

國內總生産은 국내에서 생산된 최종 생산물의 합을 화폐액으로 표시한 것을 말

한다. 國內總生産은 국내를 기준으로 하기 때문에 자국 영토 내에서 이루어진 외국인의 생산활동도 포함한다(내외국인을 구별하지 않음).

國民總生産 국민총생산 GNP : Gross National Products

한자 : 國 나라 국 / 民 백성 민 / 總 거느릴/다 총 / 生 날 생 / 産 낳을 산
직역 : 국민이 생산한 모든 것 / 國民 – 나랏백성. 總 – 전부, 모두, 다
풀이 : 일정기간 동안에 한 국민에 의해 생산된 모든 생산물의 시장 가치

國民總生産은 그 나라의 국민이 1년 동안 생산한 최종 생산물과 용역의 총량을 화폐액으로 표시한 것이다. 예컨대 외국기업이 우리나라에서 500만원의 가치를 생산했다면, 영토를 기준으로 하는 국내총생산에는 포함되지만, 국적을 기준으로 하는 국민총생산에는 포함되지 않는다. 마찬가지로 한국인이 외국에서 1,000만원의 가치를 생산했다면 국내총생산에는 포함시키지 않고 국민총생산에 포함시킨다.

國民純生産 국민순생산 NNP : Net National Product

한자 : 國 나라 국 / 民 백성 민 / 純 순수할 순 / 生 날 생 / 産 낳을 산
직역 : 국민이 생산한 것 중 순수한 생산 / 國民 – 나랏백성. 純 – 순수함. 섞이지 않음
풀이 : 일정기간에 국민경제의 모든 분야에서 생산된 재화 · 용역의 순생산을 시장가격으로 표시한 것

국민총생산에서 자본의 減價償却分(감가상각분)을 공제한 것이 국민순생산이 된다.

한자 : 迂 멀 우 / 廻 돌 회 / 生 날 생 / 産 낳을 산

직역 : 멀리 돌아서 생산함 / 迂廻 – 멀리 돔

풀이 : 먼저 생산수단을 만든 다음 그것을 이용하여 이루어지는 생산 방법

迂廻生産은 먼저 생산재(중간재)를 만든 다음에 이것을 이용하여 소비재(완성품)를 만드는 생산 방법을 말한다. 예를 들면 자동차라는 완성품을 생산하기 위해서는 광산, 제철소, 도구, 기계, 공장설비 등이 필요하다. 자동차 생산에 필요한 수단을 먼저 만든 다음, 그것을 이용해서 완성품을 생산하는 것이 우회생산이다. 우회생산은 생산능률을 향상시키므로 단기간에 대량 생산이 이루어질 수 있다. 분업화된 자본주의 사회에서의 생산은 거의가 우회생산의 형태를 취한다.

指 數

지 　 수

한자 : 指 손가락/가리킬 **지** / 數 셈 **수**

직역 : (기준을) 가리키는 수

풀이 : 어떤 시점의 경제 현상에 관한 통계량을 기준 시점의 통계량으로 나눈 수치

참고 : 指標(지표) − 방향이나 목적, 기준 따위를 나타내는 표지

指 는 扌+旨다. 扌(손 수)가 뜻이고 旨(맛있을 지)는 뜻과 음이다. 본래 뜻은 '맛을 보는 손가락' 이다. 나중에 '손가락', '가리키다' 라는 뜻으로 확대되었다. 旨는 그릇에 숟가락이 담겨있는 모양으로 맛을 보는 모습을 표현한 것이다.

數 는 婁+攵이다. 婁(성길 루)는 뜻·음이고 攵(攴)(칠 복)은 뜻이다. 婁는 여자가 머리에 물건을 이고 있는 모양이다. '포개다' 가 본뜻이다. 攵(攴)은 손(又)으로 막대기(卜)를 잡고 있는 모양이다. 이 글자가 들어가면 무언가를 '치다', '때리다' 등과 관련된 뜻을 가지게 된다. 물건을 셀 때 손에 막대기를 들고 탁탁 치면서 물건을 포개어 놓는 모습을 표현한 것이다. '세다', '셈하다', '수' 라는 뜻으로 사용된다.

수학에서 指數는 어떤 수나 문자의 오른쪽 위에 덧붙여 쓰여 그 거듭제곱을 한 횟수를 나타내는 문자나 숫자를 가리킨다. 그러나, 경제용어에서 指數는 물가지수, 생산지수처럼 경제 활동의 상태를 분석하기 위해 특정 경제 현상을 수치로 나타낸 經濟指標(경제지표)를 뜻한다.

所 得
소 득

한자 : 所 바 소 / 得 얻을 득

직역 : 얻는 것

풀이 : 일한 결과로 얻은 이익

所 는 戶+斤이다. 戶(지게 호)는 음이고 斤(도끼 근)은 뜻이다. 戶는 문을 본떠 만든 글자로 대개 '집'이나 '문'을 뜻하는 글자를 이룬다. 또 발음 요소로도 쓰여 '호'와 비슷한 음을 표현하기도 한다. '바'는 '곳(장소)'이나 '~것'이란 뜻이다.

得 은 彳+旦(貝조개 패→旦)+寸이다. 彳(조금걸을 척)은 길 모양을 본뜬 글자로, 주로 '길', '걷는다'는 뜻을 가진 한자를 이룬다. 旦은 재물을 상징하는 貝(조개 패)의 변형이다. 寸(마디 촌)은 팔목에 연결된 손 모양을 본뜬 글자이다. 길에서 재물을 손으로 줍는 것으로 '소득', '얻다'는 뜻을 표현했다.

所得은 일정 기간 동안의 근로 사업이나 자산의 운영 따위에서 얻는 수입을 말한다. 봉급, 노임, 토지나 건물 임대 수입, 이자 따위가 이에 해당한다.

個人所得 개인소득 PI : Personal Income

한자 : 個 낱 개 / 人 사람 인 / 所 바 소 / 得 얻을 득

직역 : 개인의 소득 / 個人 – 낱낱의 사람. 한 인간

풀이 : 한 개인이 1년 동안 벌어들인 총 소득

個人所得은 국민경제를 구성하는 개인이 1년 동안 벌어들인 실제 소득이다. 임금 · 이윤 · 이자 · 연금 등에서 세금을 공제하여 산출한다. 개인소득에서 정부나 기업에 지급할 것 등을 공제하고 여기에 연금 · 사회보장금과 같은 이전소득을 더하여 산정한 것을 可處分所得(가처분소득)이라 하며, 가처분소득에서 개인의 소비지출을 공제한 것이 저축이 된다.

可處分所得 가처분소득 Disposable Income

한자 : 可 옳을 가 / 處 곳/처리할 처 / 分 나눌/몫 분 / 所 바 소 / 得 얻을 득
직역 : 처분할 수 있는 소득 / 假處分 – 처분할 수 있음
풀이 : 개인소득 중 소비 · 저축을 자유롭게 할 수 있는 소득

可處分所得은 국민소득 통계상의 용어로, 일정 기간 동안 개인이 획득한 소득 중에서 소비나 저축의 형태로 개인이 마음대로 처분할 수 있는 소득을 말한다. 이런 의미에서 個人假處分所得(개인가처분소득)이라고도 한다.
가처분소득은 다음과 같은 공식으로 산출한다.

가처분소득 = 개인소득 − 직접세 − 기타 公課(공과) + 이전소득

移轉所得(이전소득)이란 사회보장금 · 연금 따위를 말한다. 따라서 가처분소득은 소비와 저축으로 나타낼 수 있다. 가처분소득이 줄어들수록 소비가 줄어들고 많아질수록 소비도 늘어나기 때문에 소득분배의 평등정도를 살펴보는 자료로 유용하게 쓰인다. 참고로 국민 전체가 소비와 저축을 자유로이 처분할 수 있는 소득을 國民處分可能所得(국민처분가능소득 NDI : National Disposable Income)이라 한다.

國民所得 국민소득 NI : National Income

한자 : 國 나라 국 / 民 백성 민 / 所 바 소 / 得 얻을 득

직역 : 국민의 소득 / 國民 – 나랏백성

풀이 : 한 나라에 있어 일정 기간에 국민이 생산 활동에 참가하여 얻어 들인 소득

넓은 의미로는 한 나라에 있어 일정 기간에 생산한 재화와 용역의 총량을 화폐액으로 표시한 것을 말하고, 좁은 의미로는 한 나라에 있어 일정 기간에 국민이 생산 활동에 참가하여 얻어 들인 순 생산량만을 말한다. 흔히 말하는 국민소득은 좁은 의미의 국민소득이다.

국민소득은 다음과 같은 공식으로 산출한다.

국민소득 = 국민 총생산액 – 감가상각비 – 간접세 + 정부 보조금

名目所得 명목소득 Nominal Income

한자 : 名 이름 명 / 目 눈/항목 목 / 所 바 소 / 得 얻을 득

직역 : 명목상의 소득 / 名目 – 이름과 항목. 눈으로 볼 수 있게 겉에 내세운 이름이나 이유

풀이 : 측정할 당시의 화폐액으로 표시된 소득

앞에서 살펴보았듯이 명목은 실질과 대비되는 개념이다. 화폐로 실제 구매할 수 있는 소득을 실질소득이라 하며, 화폐 액수로 표시된 소득을 名目所得이라 한다. 명목소득은 화폐소득이라고도 한다. 명목소득은 물가변동에 따라 영향을 받기 때문에 물가수준이 서로 다른 지역이나 연도 간의 소득을 비교할 때 명목소득을 기준으로 삼지 않는다.

要素所得 요소소득 National Income Distributed

한자 : 要 요긴할 요 / 素 본디/흴/바탕 소 / 所 바 소 / 得 얻을 득

직역 : 요소에 대한 소득 / 要素 – 꼭 필요한 성분. 근본 조건

풀이 : 노동, 토지, 자본 따위의 생산 요소에 대하여 보수로 받는 임금, 지대, 이자 따위의 소득

要素所得은 일정기간 동안 국민의 생산 활동에 투입된 각 生産要素(생산요소 Factors of Production)에 대하여 지급되는 소득의 총액을 말한다. 노동에 대해서는 임금을, 토지에 대해서는 지대를, 건물에 대해서는 임대료를, 자본에 대해서는 이자나 배당금으로 보상하는 따위이다. 생산요소는 재화의 생산을 위해 꼭 필요한 자원을 가리킨다.

요소소득은 각 경제부문, 각 산업의 순부가가치의 합계로, 分配國民所得(분배국민소득), 要素費用表示(요소비용표시)의 국민순생산이라고도 한다.

分配國民所得 분배국민소득 National Income Distributed

한자 : 分 나눌 분 / 配 짝/나눌 배 / 國 나라 국 / 民 백성 민 / 所 바 소 / 得 얻을 득

직역 : 분배해준 국민소득 / 分配 – 몫을 나누어 줌

풀이 : 일정기간의 국민의 생산활동에 있어서, 이들의 생산활동에 든 생산요소에 대하여
　　　 지급되는 소득의 총액

分配國民所得은 국민경제에서 국민이 제공한 생산요소에 대해 그 대가를 지급함으로써 국민이 얻게 된 소득을 가리킨다. 예를 들면 고용자소득(임금·봉급), 개인업주소득, 개인의 재산소득(임대료·이자 및 배당), 정부의 사업소득 및 재산소득, 법인소득 등이 있다.

분배국민소득은 要素費用表示(요소비용표시)의 국민순생산이라고도 하는데, 곧 각 경제부문, 각 산업의 순부가가치의 총 합계라고 할 수 있다.

消 費
소   비

한자 : 消 사라질 소 / 費 쓸 비
직역 : 써서 없어짐
풀이 : 재화, 노력, 시간 등을 들이거나 써서 없앰

消 는 氵+肖다. 氵(水)(물 수)가 뜻이고 肖(닮을 초)는 뜻·음이다. 肖는 小 +月(肉)이다. '작은 육체' 다. 부모를 닮은 어린아이를 나타낸 것이 다. 나중에 '없어지다', '사라지다' 라는 뜻도 갖게 되었다. 消는 물이 점점 말 라 사라지는 것을 표현한 것이다.

費 는 弗+貝다. 弗(아닐 불)이 음이고 貝(조개 패)가 뜻이다. 貝가 들어간 한자는 주로 '재물', '돈' 과 관련된 뜻을 가진다. 費는 써서 없어지는 재물이다. '쓰다', '비용' 등의 뜻이다.

경제용어로서 消費는 욕망을 충족시키기 위하여 재화를 소모하는 일을 뜻한 다. 費用은 '쓰는 데 드는 것', 消費는 '써서 없애는 일' 이다. 소비 행위 중에 서도 다른 재화와 가치를 생산하기 위한 소비를 생산적 소비라고 한다.

다음은 消費와 관련된 용어이다.

消費者 소비자 Consumer

한자 : 消 사라질/쓸 소 / 費 쓸 비 / 者 사람 자

직역 : 쓰는 사람

풀이 : 사업자가 제공하는 상품과 서비스를 소비생활을 위하여 구입하거나 사용하는 사람

消費者剩餘 소비자잉여 Consumer's Surplus

한자 : 消 사라질/쓸 소 / 費 쓸 비 / 者 사람 자 / 剩 남을 잉 / 餘 남을 여

직역 : 소비자에게 남는 부분 / 剩餘 – 나머지, 여유

풀이 : 어떤 상품에 대해 소비자가 지불할 의사가 있는 최고가격에서 실제로 지불하는
가격을 뺀 차액

消費者剩餘는 소비자가 재화의 효용을 따져 주관적으로 평가하는 가격과 실제로 치르는 가격의 차액이다. 그 물건 없이 지내기보다는 지불해서 구매하는 게 낫다고 생각할 수 있는 범위의 최고가격을 수요가격이라 하고, 실제로 지불하는 가격이 시장가격이다. 마셜(A.Marshall)은 소비자잉여에 대해 화폐를 지급하여도 좋다고 생각하는 금액(재화의 효용)과 실제 지급한 금액(화폐의 효용)과의 차라고 정의하고 다음 공식에 따라 산출하였다.

소비자 잉여 = 구입한 재화의 효용 – 지급한 화폐의 효용

消費者金融 소비자금융 Consumer Credit

한자 : 消 사라질/쓸 소 / 費 쓸 비 / 者 사람 자 / 金 쇠 금 / 融 녹을/통할 융

직역 : 소비자가 돈을 융통하는 일 / 金融 – 돈을 융통함

풀이 : 소비자가 상품을 구입할 때 필요로 하는 자금융통

消費者金融은 소비자가 물건이나 서비스를 구매할 때 필요한 금전을 카드 회사나 할부금융회사로 부터 대출받는 일 따위를 말한다. 소비자를 상대로 하는 신용

대출이 이에 속하는데, 금융기관들은 현금이 부족한 소비자를 대신해 구매 대금을 먼저 지급한 다음, 고객으로부터 원금과 수수료를 함께 받는다.

消費者破産 소비자파산

한자 : 消 사라질/쓸 소 / 費 쓸 비 / 者 사람 자 / 破 깨뜨릴 파 / 産 낳을 산

직역 : 소비자의 파산 / 破産 – 재산을 잃고 망함

풀이 : 채무를 갚을 능력이 없는 채무자의 신청에 의하여 법원이 개인에 대하여 내리는 파산 선고

消費者破産은 과다한 소비로 인해 감당할 수 없는 빚을 진 소비자가 스스로 자신을 파산자로 선고해 달라고 법원에 신청하는 것이다. 과다한 빚에 시달리는 채무자에 대하여 법적으로 구제해 주기 위해 우리나라에서는 1962년 명문화하였으며, 1997년에 최초로 消費者破産 신청이 받아들여졌다.

법원은 파산신청이 있으면 이에 대한 사실 확인 작업을 거쳐 타당한 경우에 消費者破産 선고를 한다. 만약, 갚을 능력이 없으면서도 마구 빚을 얻어 과소비나 도박에 탕진하는 '사기 파산'인 경우 10년 이하의 징역에 처해진다. 파산 선고를 받은 파산자는 법원이 선임하는 파산관재인의 관리 하에 자신의 모든 재산을 돈으로 환산, 채권자에게 나누어주는 파산 절차를 거친다. 파산자는 신원증명서에 파산 사실이 기재되어 공무원, 변호사, 기업체 이사 등이 될 수 없으며, 금융기관에서 대출이나 신용카드를 발급 받지 못하는 등의 제약이 따른다. 파산 선고 후 1개월 이내에 법원에 면책을 신청할 수 있다.

消費財 소비재

한자 : 消 사라질/쓸 소 / 費 쓸 비 / 財 재물 재

직역 : 소비하는 재물

풀이 : 개인의 욕망을 직접적으로 충족시키기 위하여 소비되는 재화

참고 : 생산재, 자본재

消費財는 일차적이며 직접적으로 소비되는 재화, 욕망의 충족에 소비되는 재화라는 데서, 일차재 · 직접재 · 완성재 · 향락재라고도 한다. 식료품, 의류, 가구, 주택, 자동차 따위가 이에 해당한다. 재화의 생산을 위한 원료로 소비되는 생산재(중간재), 재화의 생산을 위한 설비로 소비되는 자본재 등과 구별된다. 소비재는 다시 便益(편익)을 받는 기간에 따라서 내구소비재와 비내구소비재로 나누어진다. 일반적으로 TV · 컴퓨터 · 자동차처럼 편익을 1년 이상 받을 수 있는 것을 내구소비재라고 한다.

損失嫌惡

손 실 혐 오

한자 : 損 덜 손 / 失 잃을 실 / 嫌 싫어할 혐 / 惡 미워할 오

직역 : 손실을 혐오함 / 損失 – 잃음. 嫌惡 – 싫어하고 미워함

풀이 : 사람들이 이익을 얻는 것보다는 손해를 보지 않으려는 쪽으로 결정하는 성향

損 은 扌+員이다. 扌(手)(손 수)는 뜻이고, 員(인원 원)은 음이다. '감소하다', '잃다', '손해', '상하다'의 뜻을 가진다.

失 은 手+乙이다. 手(손 수)는 뜻이고, 乙(→乀)(새 을)은 뜻·음이다. 손 모양의 글자와 물건이 떨어지는 모양의 글자를 합쳐 '무언가를 잃다'라는 뜻을 나타낸 것이다.

嫌 은 女+兼이다. 女(여자 녀)는 뜻이고, 兼(겸할 겸)은 음이다. 한자에서 女가 들어가면 대체로 '여자', '아름다움'과 관계있는 뜻을 가지게 된다. 이유는 알 수 없으나, 嫌, 嫉(시기할 질), 姦(간사할 간)과 같이 부정적인 뜻을 나타내는 경우도 왕왕 있다. 문화적 배경을 살펴야 할 것이다.

惡 는 亞+心이다. 亞(버금 아)는 음이고, 心(마음 심)은 뜻이다. '악하다', '나쁘다'는 뜻으로 쓰일 때는 '악'으로 읽고, '싫어하다', '미워하다'는 뜻으로 쓰일 때는 '오'로 읽는다.

損失嫌惡는 판매자의 심리에 대한 이론의 하나로, 판매자가 손실을 너무나 혐오한다는 주장이다. 미국의 부동산 경제학자인 크리스토퍼 메이어 교수가 2001년 발표한 연구논문에서 비롯하였다. 메이어는 1991~1997년까지 보스턴의 공동주택 6,000채에 대한 자료를 수집 분석하던 중, 값이 비쌀 때 산 사람들은 그 아래 값으로 집을 팔려고 하지 않는다는 사실을 알게 되었다. 집값이 하락했음에도 불구하고 많은 사람들이 시세보다 훨씬 높은 가격으로 매물을 내놓았는데 이런 현상을 손실혐오라고 이름 붙이고 판매 신리현상으로 정립한 것이다.

인간은 이익을 얻기 위해 위험을 감수하는 경향이 있다. 그러나 손실로부터 말미암은 불편한 심기는 이익에 의한 기쁨보다 두 배는 크게 느낀다고 한다. 똑같은 액수라고 하더라도 얻은 것의 가치보다 잃은 것의 가치가 훨씬 크게 느껴진다고 한다. 요컨대 밑지고는 못 팔겠다는 것이다. 이를 損失嫌惡(Loss Aversion)라고 한다.

需 要
수   요

한자 : 需 구할 수 / 要 구할 요

직역 : 구하려는 요구

풀이 : 재화나 용역에 대한 단순한 욕구가 아닌 구매력이 수반된 욕구

需 는 雨+而다. 雨(비 우)와 而(말이을 이)가 모두 뜻이다. 而는 턱에 난 수염을 본뜬 글자이다. 需는 비가 내려 턱수염까지 젖은 모습을 표현한 것이다. 이것이 '구하다', '필요하다' 라는 뜻으로 가차된 것이다. 본뜻을 위해서는 氵를 덧붙여 濡(젖을 유)를 만들었다.

要 는 여자의 허리부분을 나타내기 위해 고안된 글자였다. 女(여자 녀)는 무릎 꿇고 두 손을 모아 앉은 여자의 모습이지만 머리는 표현하지 않았다. 要는 머리까지 표현했고, 허리부분에 두 손이 그려져 있다. 여자의 손인지 다른 남자의 손인지 분명치는 않지만 '허리' 라는 뜻을 표현하기 위한 장치임은 분명하다. 나중에 이 글자는 '구하다'. '요구하다' 라는 뜻으로 가차되었고 본뜻을 위해서는 月(肉)을 덧붙여 腰(허리 요)를 만들었다.

어떤 재화나 용역을 일정한 가격으로 사려고 하는 구체적인 욕구를 需要라고 한다.

供 給
공 급

한자 : 供 이바지할 공 / 給 줄 급

직역 : 대줌

풀이 : 요구나 필요에 따라 물품 따위를 제공하는 것

供 은 亻+共이다. 亻(사람 인)은 뜻이고 共(함께 공)은 뜻과 음이다. 共은 양 손으로 물건을 들고 있는 모습이다. 供은 사람이 양 손으로 물건을 들고 있는 것이 된다. 누구에겐가 주려고 하는 모양이다. '주다', '이바지하다' 라는 뜻으로 사용된다.

給 은 +合이다. 糸(실 사)가 뜻이고 合(합할 합)은 뜻·음이다. 여러 가닥의 실을 합하여 넉넉해진 모습을 표현했다. '넉넉하다', '주다' 라는 뜻으로 사용된다.

교환하거나 판매하기 위하여 시장에 재화나 용역을 제공하는 일을 供給이라고 한다. 또는 그 제공된 상품을 직접적으로 가리키기도 한다.

假需要 가수요

한자 : 假 거짓 가 / 需 구할 수 / 要 구할 요

직역 : 거짓 수요

풀이 : 가상 수요

假需要는 實需要(실수요)에 대립되는 개념으로서 물가가 오른다든지 물자가 부족할 것 같을 때, 실제의 수요가 없음에도 불구하고 일어나는 일종의 가상 수요를 말한다. 假(가)와 實(실)은 서로 대비되는 개념이다.

需要-彈力性 수요의 탄력성 Elasticity of Demand

한자: 需 구할 수 / 要 구할 요 / 彈 활/탄환/튀길 탄 / 力 힘 력 / 性 성품 성
직역: 수요의 탄력적인 성질 / 彈力 – 용수철처럼 튀거나 팽팽하게 버티는 힘
풀이: 어떤 재화의 가격변동의 비율에 대한 수요량이 변화하는 비율

가격변화에 따라 수요가 증감하는 것을 수요의 법칙이라 하는데, 이 경우 가격이나 소득에 따라 일어나는 수요 변동의 정도를 需要의 彈力性이라 한다. 일반적으로 수요의 탄력성이 높은 제품은 사치품이나 대체재가 존재하는 물건이며 수요의 탄력성이 낮은 제품은 생필품이나 대체재가 없는 것이다. 생활에 반드시 필요한 쌀, 화장지, 비누 같은 물품은 가격과 상관없이 수요가 따르므로 가격의 변화에 민감하지 않은데 이런 것을 수요의 탄력성이 낮다고 한다.

有效需要 유효수요 Effective Demand

한자: 有 있을 유 / 效 본받을/보람 효 / 需 구할 수 / 要 구할 요
직역: 유효한 수요 / 有效 – 보람이나 효과가 있음
풀이: 실제로 물건을 살 수 있는 돈을 갖고 물건을 구매하려는 욕구

有效需要는 확실한 구매력의 뒷받침이 있는 수요를 말한다.

이에 반해 구매력의 유무에 상관없이 물건을 가지고 싶어하는 것을 절대적수요라 하고 표면에 나타나지 않는 잠재적인 구매 욕구를 잠재수요라고 한다. 여기에는 돈은 있지만 물건이 없어서 구매하지 못하는 경우, 값이 싸질 때까지 기다렸다가 구매하겠다는 경우, 소득이 증가하면 구매하겠다는 경우 등이 있다.

派生的需要 파생적 수요

한자 : 派 갈래/가를 파 / 生 날 생 / 的 과녁 적 / 需 구할 수 / 要 구할 요

직역 : 파생한 수요 / 派生 - 갈려 나와 생김

풀이 : 생산에 대한 수요

소비를 통해 인간의 욕망을 충족하는 재화인 소비재에 대한 수요를 본원적 수요라고 하고, 이를 생산하기 위한 요소에 대한 수요를 派生的需要라고 한다.

供給-彈力性 공급의 탄력성 Elasticity of Supply

한자 : 供 이바지할 공 / 給 줄 급 / 彈 활/탄환/튀길 탄 / 力 힘 력 / 性 성품 성

직역 : 공급의 탄력적인 성질

풀이 : 가격에 대한 공급의 탄력성

供給의 彈力性은 가격 변동에 대한 공급의 변화를 나타내는 비율이다. 일반적으로 시장에서 공급은 가격에 비례한다. 가격이 오르면 공급도 증가하고, 가격이 떨어지면 공급도 감소한다. 수요의 증가는 가격 상승과 공급 증가라는 두 가지 효과를 가져 온다. 이 경우 공급의 탄력성이 클수록 가격상승의 폭이 작다. 그러므로 공급의 탄력성은 생산능력을 나타내는 지표로 사용되기도 한다.

需給 수급

한자 : 需 구할 수 / 給 줄 급

직역 : 수요와 공급

풀이 : 수요와 공급

假收給 가수급

한자 : 假 거짓 가 / 收 거둘 수 / 給 줄 급

직역 : 거짓 수요와 공급

풀이 : 자금이나 주식을 빌려 주식을 매매하는 행위

주식용어로, 주식을 매입할 자금이 없거나 팔 주식을 가지고 있지 않은 때에 자금이나 주식을 빌려서 주식을 사고파는 것을 말한다. 가격변동에 의한 단기차익을 목적으로 하는 경우 과투기를 유발한다는 부정적인 측면도 있지만, 매매량과 환금성을 높일 수 있고 주가의 급등이나 급락을 막아 주가안정에 기여하기도 한다.

需要供給-法則 수요 공급의 법칙 Law of Demand and Supply

한자 : 需 구할 수 / 要 구할 요 / 供 이바지할 공 / 給 줄 급 / 法 법 법 / 則 법칙 칙

직역 : 수요와 공급의 법칙

풀이 : 재화에 대한 수요·공급·가격의 관계에 관한 법칙

완전경쟁 시장에서 가격과 거래량은 수요자와 공급자의 상호교섭에 의하여 결정된다. 즉, 어떤 재화에 대한 시장 가격은 수요와 공급이 일치하는 점에서 결정되는데 이것을 需要供給의 法則이라 한다.

收 支
수　　지

한자 : 收 거둘 **수** / 支 가지/팔다리/갈릴/가를/헤아릴/버틸/지출/지급/지지(십이지) **지**

직역 : 거두어 들임과 지출함

풀이 : 수입과 지출

收 는 비+攵이다. 비(얽힐 구)가 음이고 비+攵(攴)(칠 복)은 뜻이다. 막대기로 탁탁 쳐서 곡식을 거두어 들이는 것을 표현한 것이다.

支 는 손에 대나무가지를 들고 있는 모습이다. 모양이 攵(攴)과도 비슷하다. '가지'가 본뜻인데 이 글자가 간지(干支)의 의미로 가차되자 본뜻을 위해서는 木을 덧붙여 枝(가지 지)를 만들었다.

收支는 수입과 지출을 아울러 이르는 말이다. 혹은 거래 관계에서 얻는 이익을 뜻하기도 한다.

經常收支 경상수지 Balance on Current Account

한자 : 經 다스릴/길 **경** / 常 항상 **상** / 收 거둘 **수** / 支 가를 **지**

직역 : 경상적인 수입과 지출 / 經常 – 변치 않는 길과 법

풀이 : 한 나라가 무역과 서비스 거래를 통해 벌어들인 돈과 해외로 지출한 돈의 차이

經常收支는 한 나라의 대외거래 상태를 나타내는 지표이다. 국제 거래에서 자본 거래를 제외한 경상적 거래에 관한 수지를 말한다. 상품 거래 외에 여행 · 유학경

비, 로열티 지급 같은 무형의 서비스 거래를 통한 수입·지출의 차이를 합쳐서 계산된다.

國際收支 국제수지 BOP : Balance of Payments

한자 : 國 나라 국 / 際 사이 제 / 收 거둘 수 / 支 가를 지

직역 : 나라 사이의 수입과 지출

풀이 : 일정 기간 동안 한 국가의 국제 거래로부터 생긴 외국에의 지불과 수납액을 종합 집계한 것

國際收支는 보통 1년을 기간으로 한 나라와 다른 나라 사이에 이루어지는 모든 경제 거래를 체계적으로 나타낸 것이다. 지급한 금액 모두가 받은 금액과 상쇄되므로, 무역수지와는 달리 흑자나 적자가 생기지 않고 균형을 이룬다. 국제수지를 이루는 항목은 무역수지, 차입금상환, 항공료, 보험료, 여행자 경비, 자본이전, 기타 지불 등이다.

貿易收支 무역수지 Trade Balance

한자 : 貿 바꿀 무 / 易 바꿀 역 / 收 거둘 수 / 支 가를 지

직역 : 바꾸는 일의 수입과 지출

풀이 : 어떤 나라의 무역 즉, 상품거래에 따른 수입과 지급을 일정 기간(보통1년)에 대하여 종합한 결과

貿易收支는 무역에 있어서 그 나라의 수출입을 모두 포함하여 계산하는 것으로, 보다 큰 경제단위인 국제수지의 일부분을 이룬다. 수출이 수입보다 큰 경우를 수출초과(順調순조)라 하고 반대로 수입이 수출보다 큰 경우를 수입초과(逆調역조)라 한다. 상품의 수출입 내용이 세관에 의해서 관리되므로, 보이는 무역 또는 有形貿易(유형무역:형체가 있는 무역)이라고도 한다.

貿易外收支 무역외수지 Balance of Invisible Trade

한자 : 貿 바꿀 무 / 易 바꿀 역 / 外 바깥 외 / 收 거둘 수 / 支 가를 지

직역 : 무역 외의 수입과 지출

풀이 : 상품 이외의 서비스의 수출입 및 증여(移轉收支라고도 함)에 따른 수지

貿易外收支는 상품의 수출입에 따른 수지인 무역수지와는 구별된다. 운임료 · 보험료 · 유가증권의 매매 · 환수수료, 여행 · 관광의 수입, 대외투자에 대한 이윤, 해외 공채의 이자, 해외 주식 배당의 수입 등이 貿易外收支에 속한다.

法 則
법 칙

한자 : 法 법 **법** / 則 법칙 **칙**
직역 : 법과 법칙
풀이 : 지켜야할 규범

法 은 氵+廌+去이다. 나중에 廌(법/해태 채)가 생략되어 지금의 모양인 法이 되었다. 氵(水)(물 수)는 흐르는 물의 모양을 본뜬 글자이다. 水는 모양이 氺로 바뀌기도 한다. 水가 들어가는 한자는 주로 '액체', '물', '흐'름과 관계가 깊다. 廌(해태 채)는 상상의 동물로 선악을 구별한다고 한다. 去(갈 거)는 大+厶이다. 사람(大)이 집(厶)을 나서 어디로 가는 것이다. 해태가 죄 지은 자를 뿔로 받아서 물에 빠뜨려 버린다는 것으로 법을 나타냈다. 죄를 다스리는 것이 법이기 때문일 것이다.

則 은 貝+刂이다. 貝는 본래 鼎(솥 정)이었는데 나중에 모양이 간단하게 바뀐 것이다. 鼎은 다리가 셋 달린 매우 특별한 솥을 본떠 만든 글자이다. 이 솥에는 소장자들의 맹세나 지켜야 할 법 규칙 등이 새겨졌다. 刂(刀)(칼 도)는 칼의 모양을 본떠 만든 글자이다. 청동으로 된 솥과 검은 특별한 영예와 권위를 상징했기 때문에 '법'이라는 뜻을 가지게 된 것이다. 則은 '곧'이라는 뜻일 때는 '즉'으로 읽는다.

法則은 반드시 지켜야 할 규범이다. 또는 모든 사물과 현상의 원인과 결과 사이에 내재하는 보편적인 관계를 法則이라고 한다.

收穫遞減-法則 수확체감의 법칙 Law of Diminishing Returns

한자 : 收 거둘 수 / 穫 벼벨 확 / 遞 갈마들 체 / 減 덜 감 / 法 법 법 / 則 법칙 칙

직역 : 거둠이 점점 줄어든다는 법칙

풀이 : 일정한 생산지에서 작업하는 노동자수가 증가할수록 1인당 수확량은 점차
적어진다는 경제 법칙

收穫遞減의 法則은 생산 요소의 투입량이 많을수록 생산량도 늘어나지만 투입량이 일정 수준을 넘어서면 오히려 수확이 점차 감소한다는 경제법칙이다. 예컨대 축산농가에서 일정한 우리에 사육하는 가축의 개체수를 늘일 경우 어느 정도까지는 개체수의 증가가 생산량의 증가로 이어지지만(이것을 수확체증의 법칙이라함), 반면 그 정도가 지나치면 오히려 가축의 생산성이 체감하게 되는데 이런 현상을 수확체감의 법칙이라고 한다. 수익체감의 법칙 또는 한계생산성 체감의 법칙이라고도 한다.

三面等價-法則 삼면등가의 법칙

한자 : 三 셋 삼 / 面 낯 면 / 等 같을 등 / 價 값 가 / 法 법 법 / 則 법칙 칙

직역 : 세 측면이 가치를 같이한다는 법칙 / 等價 – 값이 같음. 값을 같이함

풀이 : 국민소득이 생산 , 분배, 지출 세 가지 측면에서 이론적으로 모두 등액이라는 원칙

국민소득은 생산, 분배, 지출의 3가지 과정을 거치며 순환하기 때문에 각각의 값은 이론적으로 모두 똑같다. 이를 三面等價의 法則이라고 한다.

절 하는 법

우리나라 전통 예절인 절은 상대방에 대한 공경을 나타내는 가장 기초적인 행동예절이다.

절의 의의와 음양(陰陽) 사상

절은 상대편에 공경을 나타내 보이는 기초적인 행동예절이다. 그 대상은 비단 사람 뿐만아니라 공경해야 할 대상을 상징하는 표상(산소, 지방, 사진 등)에 대해서도 한다. 자고로 우리나라를 동방예의지국이라 했다. 그러나 지금은 서양식 악수(握手)로 대신하며 우리의 인사법을 잊어 버렸지만, '사람의 일'이자 '사람을 섬기는' 법인 우리의 인사법을 익혀 겨레의 예도(禮道)를 바르게 이어 나가야겠다.

절을 하는 기본 원칙 사상은 음양 사상이다. 이러한 원칙은 남녀가 함께 치르는 모든 의식(제사, 결혼식 등)에서 지켜졌다.

남좌여우(男東女西)

신위나 인사를 받을 분의 왼쪽에 남자, 오른쪽에 여자가 선다. 즉, 남녀가 나란히 섰을 때 남자의 왼쪽에 여자가 선다.

공수(拱手)

두 손을 앞으로 모아 잡고 선다. 공수할 때의 손의 모습은 위로 가는 손바닥으로 아래 손등을 덮어서 포개 잡는데 두 엄지가 깍지 끼듯이 교차한다. 이를 차수(叉手)라고도 한다. 차례, 제사, 평상시 인사 때에는 남자는 왼손, 여자는 오른손이 위로 오게 잡는다. 장례 등의 흉사는 그 반대로 한다.

절의 요령과 횟수

산 사람에게 하는 절은 한 번, 돌아가신 신위에 대한 절은 두 번이 기본 횟수이다.

맞절의 경우 : 아랫사람이 하석에서 먼저 시작해 늦게 일어나고, 웃어른이 상석에서 늦게 시작해 먼저 일어난다.

답배의 요령 : 웃어른이 아랫사람의 절에 답배를 할 때는 아랫사람이 절을 시작해 무릎을 꿇는 것을 본 다음에 시작해 아랫사람이 일어나기 전에 끝낸다.

절의 종류

큰절, 평절, 반절로 나눈다.

큰절은 자기가 절을 하여도 답배를 하지 않아도 되는 높은 어른에게나 의식행사에서 한다(직계존속, 8촌 이내 연장존속, 의식행사).

평절은 답배 또는 평절로 맞절을 해야 하는 웃어른이나 같은 또래 사이에 한다(선생님, 연장자, 상급자, 배우자, 형님, 누님, 같은 또래, 친족이 아닌 15년 이내의 연하자).

반절은 웃어른이 아랫사람의 절에 대해 답배할 때 하는 절이다(제자, 친구의 자녀, 자녀의 친구, 남녀 동생, 8촌 이내의 10년 이내 연장 비속, 친족이 아닌 16년 이상의 연하자).

남자 절하는 법

큰절 - 계수배(稽首拜)

❶ 공수(차수)하고 대상을 향해 선다.

❷ 차수한 손을 눈높이까지 가볍게 들어 올린다. 이를 읍(揖)이라고 한다.

❸ 허리를 굽혀 공수한 손을 바닥에 짚는다(손을 벌리지 않는다).

❹ 왼쪽 무릎을 먼저 꿇는다.

❺ 오른쪽 무릎을 왼무릎과 가지런히 꿇는다. 무릎 꿇고 앉은 상태를 궤(跪)라고 한다.

❻ 왼발이 아래가 되게 발등을 포개며 뒤꿈치를 벌리고 엉덩이를 내려 깊이 앉는다.

❼ 팔꿈치를 바닥에 붙이며 이마를 공수한 손등에 댄다(이때 엉덩이가 들리면 안된다). 이 상태를 배(拜)라고 한다.

❽ 잠시 머물러 있다가 머리를 들며 팔꿈치를 바닥에서 뗀다.

❾ 오른쪽 무릎을 먼저 세운다.

❿ 공수한 손을 바닥에서 떼어 세운 오른쪽 무릎 위에 얹는다.

⓫ 오른쪽 무릎에 힘을 주며 일어나서 왼쪽발을 오른쪽 발과 가지런히 모으며 다시 차수(叉手) 자세를 취한다. 이를 평신(平身)이라 한다.

평절 - 돈수배(頓首拜)

큰절과 같은 차수-읍-궤-배-평신의 동작으로 하지만, 읍을 할 때 큰 절에 비해 손을 가슴까지만 들어 올리고, 이마가 손등에 닿으면 오래 머물러 있지 말고 즉시 다음 동작으로 이어 일어나는 것이 다르다.

여자 절하는 법

큰절

❶ 오른손이 위로되게 모아(애사 때는 반대) 어깨높이로 수평되게 올린다. 너무 올리면 겨드랑이가 보이므로 주의한다.

❷ 고개를 숙여 이마를 모은 손등에 붙이고 왼쪽 무릎을 먼저 꿇으면서 앉는다.

❸ 오른쪽 무릎을 왼쪽 무릎과 가지런히 꿇는다. 오른발이 아래되게 발등을 포개며 뒤꿈치를 벌리고 엉덩이를 내려 깊이 앉는다.

❹ 윗몸을 반(45도) 쯤 앞으로 굽힌다. 이때 손등이 이마에 가지런히 붙는다. 잠시 머물러 있다가 윗몸을 일으킨다.

❺ 오른쪽 무릎을 먼저 세워 일어나면서 왼쪽발을 가지런히 모은다.

❻ 수평으로 올렸던 손을 원위치로 내리고 고개를 반듯하게 든다.

평절

❶ 앞으로 모은 손을 풀어 양 옆으로 자연스럽게 내린다.

❷ 왼쪽 무릎을 먼저 꿇는다.

❸ 오른쪽 무릎을 왼쪽 무릎과 가지런히 꿇으며 조용히 앉는다. 이 때 손끝은 바깥으로 향하게 한다.

❹ 윗몸을 반쯤 앞으로 굽히며 두 손바닥은 바닥에 댄다.

❺ 머리를 숙이지 않고 잠시 멈추었다가 윗몸을 일으키며 손바닥을 바닥에서 뗀다.

❻ 일어나면 왼쪽발을 오른발과 가지런히 모은다.

順調, 逆調

순조, 역조

한자 : 順 순할 순 / 調 고를 조 / 逆 거스를 역 / 調 고를 조

직역 : 순한 조정, 역 조정

풀이 : 順調 – 아무 탈 없이 잘 되어가는 상태. 수출이 초과된 상태

　　　逆調 – 순조의 반대. 수입이 초과된 상태

順 은 川+頁이다. 川(내 천)은 뜻·음이고 頁(머리 혈)이 뜻이다. 흐르는 물 옆에 머리를 배치했다. 물을 바라보고 있는 것 같다. 실제로 금문에는 頁 대신에 見이 있었다. 이 사람은 흐르는 물을 바라보면서 '차례', '따르다', '순하다' 와 관련된 생각을 하고 있었나보다.

調 는 言+周다. 言(말씀 언)이 뜻이고 周(두루 주)는 음이다. 본뜻은 '말이 잘 어울리다' 이다. '고르다', '살피다' 는 뜻은 나중에 생겼다.

逆 은 辶+屰이다. 辶(辵)(쉬엄쉬엄갈 착)과 屰(大가 뒤집힌 모양)가 모두 뜻이다. 辶이 들어있는 한자는 주로 '가다' 라는 뜻과 관련이 있다. 屰은 사람이 거꾸로 있는 모양이다. 逆은 사람이 거꾸로 가는 것을 표현한 것이다. 저쪽에서 이쪽으로 거꾸로 오는 사람을 맞이하다라는 뜻으로도 사용된다. 단어의 앞에 逆을 붙여 '반대로 하다' 는 뜻을 더한다.

順調는 무역 수지상 수출이 수입을 초과한 것을 말한다. 다른 말로 順貿易

(순무역)이라고 한다. 반대로 수입초과를 逆調 또는 逆貿易(역무역)이라고 한다. 만약 국제수지가 균형을 이루지 않을 때는 인위적으로 외환정책과 무역정책 등을 취하기도 한다.

한자는 어떻게 만들어졌을까?

위는 言의 옛 글자이다. 오늘날 言의 일차적 의미는 '말'이다. 이 글자가 처음 만들어졌을 때에도 '말'이란 뜻이었을까? 옛 글자에서 ⊔ 모양은 입을 나타낸다(물건을 상징할 때도 있다). 옛글자를 보면 言은 입에서 내민 혀에 몇 개의 선을 덧그은 것 같기도 하며, 혹은 입으로 나팔을 부는 것 같기도 하다. 아마도 처음 뜻은 혀 또는 악기와 직접적인 관계가 있었을 것이다. 어찌 되었건 먹고 소리를 내는 입의 두 가지 기능 중 후자에 무게를 둔 모양이다. 이것이 '혀, 악기→소리→말'과 같이 쉽게 이해할 수 있는 전이과정을 거쳐 지금의 뜻으로 굳어졌다(한자를 배우면 이런 식견도 쌓이는 법이다). 오늘날 하나의 한자가 여러 개의 뜻을 가지게 된 것은 이와 같이 의미가 파생·확대되었기 때문이다. 글자 하나로 여러 의미를 두루 표현한 만큼 한자의 개수가 덜 늘어났을 테니 정말 다행스러운 일이다. 한자는 하나의 글자가 하나의 뜻을 나타내는 표의문자에 속한다. 만약 원칙대로 한 글자에 단 한 가지 뜻만 나타내게 했다면 우리는 자자손손 글자에 치여 생을 마감할 것이다.

失 業
실 업

한자 : 失 잃을 **실** / 業 일 **업**

직역 : 일을 잃음

풀이 : 노동할 의욕과 능력을 가진 자가 자기의 능력에 상응한 노동의 기회를 얻지 못하고 있는 상태

失 은 手+乙이다. 手(손 수)는 뜻이고, 乙(→乀)(새 을)은 뜻·음이다. 乙 (→乀)은 물건이 떨어지는 모양을 나타냈다. 손에서 물건이 떨어져 그 것을 잃는 것을 표현한 것이다.

業 은 악기나 물건을 걸어두는 나무로 만든 틀의 모양을 본떠 만든 것이 었는데 나중에 '일'이라는 뜻으로 가차되었다. 樂(즐길 락)도 본래는 악기를 걸어두는 나무틀의 모양이었다. 형태가 비슷함을 알 수 있다.

失業은 '생업을 잃었다'는 뜻이다. 失業者(실업자)는 경제 활동에 참여할 연령의 사람 가운데 직업이 없는 사람이다. 失業과 발음이 같은 實業(실업)은 농업, 상업, 공업, 수산업과 같은 생산 경제에 관한 사업을 뜻한다. 상공업이나 금융업 따위의 사업을 경영하는 사람을 實業家(실업가)라 한다. 실업의 원인은 다양하다. 다음은 실업의 여러 유형이다.

> cf) 失業(실업자) ≠ 實業(실업)
>
> 失業者(실업자) ≠ 實業家(실업가)

潛在的失業 잠재적 실업 Latent Unemployment

한자 : 潛 잠길 **잠** / 在 있을 **재** / 的 과녁 **적** / 失 잃을 **실** / 業 일 **업**

직역 : 잠재된 실업 / 潛在 – 잠겨 있음. 的 : ～의, ～적인

풀이 : 원하는 직업에 종사하지 못해 부득이 조건이 낮은 다른 직업에 종사하는 것

潛在的 失業은 표면적으로는 취업상태이나 열악한 취업상태에 있는 것을 말한다. 노동자가 생산력을 충분히 발휘하지 못해 수입이 낮고, 그 결과 완전한 생활을 영위하지 못하는 반실업 상태인 것이다. 영세농가나 영세영업 층의 과잉 인구가 이에 해당한다. 사실상 失業 상태인데 취업상태인 것처럼 가장 또는 위장하였다고 해서 假裝失業(가장실업) 혹은 僞裝失業(위장실업)이라고도 한다.

自發的失業 자발적 실업 Voluntary Unemployment

한자 : 自 스스로 **자** / 發 필 **발** / 的 과녁 **적** / 失 잃을 **실** / 業 일 **업**

직역 : 스스로 나아가 행한 실업 / 自發 – 스스로 일어남. 저절로 핌

풀이 : 일할 의사는 있으나, 현재의 임금수준이 낮다고 생각하여 스스로 실업하고 있는 상태

非自發的失業 비자발적 실업 Involuntary Unemployment

한자 : 非 아닐 **비** / 自 스스로 **자** / 發 필 **발** / 的 과녁 **적** / 失 잃을 **실** / 業 일 **업**

직역 : 자발적이 아닌 실업 / 非 – 그렇지 않음. 自發 – 스스로 일어남. 저절로 핌

풀이 : 자본주의 경제체제하에서, 취업할 의사는 있으나 有效需要(유효수요)의 부족으로 취업하지 못하는 상태

非自發的 失業은 노동할 의사와 능력이 있어도 일자리가 없어서 생기는 실업이다.

技術的失業 기술적 실업 technological unemployment

한자 : 技 재주 기 / 術 재주 술 / 的 과녁 적 / 失 잃을 실 / 業 일 업

직역 : 기술과 관련된 실업 / 技術 – 재주

풀이 : 기술진보에 따른 자본의 유기적 구성의 고도화로 야기되는 실업

생산기술의 향상으로 노동 수요가 감소하는 데 기인하는 실업이 技術的 失業이다.

摩擦的失業 마찰적 실업 Frictional Unemployment

한자 : 摩 갈 마 / 擦 비빌 찰 / 的 과녁 적 / 失 잃을 실 / 業 일 업

직역 : 마찰적인 실업 / 摩擦 – 갈고 비빔. 충돌함

풀이 : 노동의 수요와 공급이 일시적으로 일치되지 않아서 생기는 실업

노동시장에 대한 지식이 없거나, 노동의 지역적 이동이나 전업이 곤란한 경우, 특정 생산재의 부족 등으로 인해 일시적으로 생기는 실업을 말한다. 摩擦的 失業은 노동시장의 수급 과정에서 근로자의 자발적 선택에 의해 일시적으로 나타나므로 자발적 실업에 포함된다.

季節的失業 계절적 실업 Seasonal Unemployment

한자 : 季 계절 계 / 節 마디 절 / 的 과녁 적 / 失 잃을 실 / 業 일 업

직역 : 계절에 따른 실업

풀이 : 수요의 계절적 편재에 따라 해마다 순환적 · 규칙적으로 일어나는 실업

季節的 失業은 유동적인 실업형태로서 주로 농 · 수산 · 토건업 등에서 많이 볼 수 있다.

한자 : 構 얽을 구 / 造 지을 조 / 的 과녁 적 / 失 잃을 실 / 業 일 업

직역 : 구조에서 비롯된 실업 / 構造 − 얽어서 만듦. 얽어서 만든 것

풀이 : 경제 구조의 특질에서 오는 만성적·고정적인 실업 형태

構造的 失業은 자본주의 경제의 구조적 변화로 인한 구조적 실업이다. 構造的 失業은 경기가 회복되어도 회복되지 않는 만성적인 실업이다. 일반적으로 선진국에서는 자본의 유기적 구성이 고도화되고 독점체에 의해 경제의 탄력성이 상실되면서 발생하고, 후진국에서는 자본과 생산 설비가 노동인구를 다 흡수하지 못해서 발생한다.

移 轉

한자 : 移 옮길 **이** / 轉 구를 **전**

직역 : 옮김. 옮겨 줌

풀이 : 장소나 주소를 다른 데로 옮김. 권리 따위를 남에게 넘겨주거나 또는 넘겨받음

移 는 禾+多이다. 禾(벼 화)가 뜻이고 多(많을 다)는 음이다. 익은 벼처럼 하늘하늘 힘이 없는 것을 나타낸 것인데, 나중에 '옮기다' 라는 뜻으로 가차되었다. 多는 扅(빗장 이), 迻(옮길 이), 黟(검을 이)에서는 이로, 爹(아비 다), 嗲(아양떨 다), 跢(어린아이걸음 다)에서는 '다' 로 발음되는 발음요소다.

轉 은 본래 叀으로 썼다. 叀(오로지 전)은 실감개를 손으로 잡고 굴리면서 실을 감는 것을 나타낸 글자로 본뜻은 '굴리다' 이다. 이 글자가 '오로지' 라는 뜻으로 가차되자 본뜻을 위해 車(수레 거)를 덧붙여 轉(구를 전)을 만들었다.

경제에서 移轉이란 어떠한 권리를 남에게 넘겨주는 것이다.

다음은 移轉과 관련된 용어이다.

移轉所得 이전소득 Transfer Income

한자 : 移 옮길 이 / 轉 구를 전 / 所 바 소 / 得 얻을 득

직역 : 옮겨 준 소득 / 移轉 – 옮김 / 所得 – 소득

풀이 : 생산에 직접 기여하지 않고 개인이 정부나 기업으로부터 받는 보조금, 보험금, 연금
    따위의 수입

移轉所得은 移轉支給(이전지급)에 따라 생기는 개인의 소득이다. 여기서의 移
轉은 정부나 기업의 소득이 개인에게 가는 것을 뜻한다. 이전지급은 개인이 정부
나 기업으로부터 무상으로 받는 지급, 곧 구호품, 연금, 보조금, 치료비, 보험금
따위다. 이전지급은 수령자에게 구매력을 주는 것이 되기 때문에 소득재분배 차
원에서 오늘날 중요한 경제정책으로 평가되고 있다.

移轉所得은 생산 활동과 직접적 연관 없이 정부나 기업의 소득이 개인의 소득으
로 대체되었기 때문에 代替所得(대체소득)이라고도 하며, 국민소득에 포함시키
지 않는다.

移轉支給 이전지급

한자 : 移 옮길 이 / 轉 구를 전 / 支 가지/지출 지 / 給 줄 급

직역 : 옮겨 주는 지급 / 支給 – 지출하여 줌

풀이 : 재화나 용역을 주고받음과 관계없이 정부나 기업이 개인에게 지급하는 일

移轉支給은 재화나 용역의 급부와는 관계없이 이루어지는 지급이다. 구호품, 연
금, 보조금, 보험금 따위가 있다.

剩 餘

잉 여

한자 : 剩 남을 **잉** / 餘 남을 **여**

직역 : 쓰고 난 나머지

풀이 : 쓰고 난 후 남은 것. 여유

剩은 乘+刂다. 乘(탈 승)은 뜻·음이고 刂(刀)(칼 도)는 뜻이다. 乘은 사람이 나무 위에 올라가 있는 모양이다. '오르다', '타다'가 본뜻이다. 칼을 사용하여 얻은 이익을 올리는 것이니 '남기다'라는 뜻을 가지게 되었다.

餘는 食+余다. 食(먹을 식)이 뜻이고 余(나 여)는 음이다. 食은 뚜껑을 덮어 놓은 밥그릇 모양이다. '먹을 것', '먹다'가 본뜻이다. 餘는 '먹을 것이 남다'라는 뜻을 가진다.

剩餘는 넉넉해서 다 쓰지 못하고 남는 여유분이다. 어떤 기준을 초과하는 부분이다. 소비량과 생산량이 일치하는 것이 이론상으로는 효율적이나 자본주의 경제에서 적정한 잉여생산량은 물가의 안정에 기여하며, 대개의 경제활동은 잉여를 바탕으로 하여 발전한다.

다음은 剩餘와 관련된 용어이다.

剩餘金 잉여금

한자 : 剩 남을 잉 / 餘 남을 여 / 金 쇠 금

직역 : 남는 돈

풀이 : 기업 회계상 자기자본(순자산액) 중 자본금을 초과하는 금액

우리나라의 기업회계는 잉여금을 資本剩餘金(자본잉여금 Capital Surplus)과 利益剩餘金(이익잉여금 Earned Surplus)으로 분류한다. 전자는 회사의 영업이익 이외의 특수한 거래(자본거래)에서 발생하는 잉여금이다. 후자는 손익거래에 의해서 발생한 잉여금이나 이익의 사내유보에서 발생하는 잉여금을 말한다.

剩餘價値 잉여가치 Surplus Value

한자 : 剩 남을 잉 / 餘 남을 여 / 價 값 가 / 値 값 치

직역 : 남는 가치 / 價値 – 값

풀이 : 투자된 자본 가치에 대하여 자기증식(自己增殖)을 이룩한 가치부분

투자된 가치를 초과해서 만들어진 가치를 剩餘價値라고 한다. 이런 의미에서 이윤은 이 剩餘價値가 바뀐 형태이다. 예컨대 자본가가 노동자에게 얼마를 지불했는데 노동자가 임금 이상으로 생산한 가치에 해당하는 부분이다. 산업자본가가 얻는 산업이윤, 상업자본가가 얻는 상업이윤, 대부자본가가 얻는 이자, 지주가 얻는 지대는 이 잉여가치를 원천으로 한다. 마르크스 경제학의 토대를 이루는 개념이다.

剩餘勞動 잉여노동

한자 : 剩 남을 잉 / 餘 남을 여 / 勞 일할 로 / 動 움직일 동

직역 : 남는 노동 / 勞動 – 일하여 움직임

풀이 : 근로자가 생계를 유지하기 위해 생산물을 생산하는 데에 필요한 이상으로 하는 노동

근로자가 자신이 받는 임금 이상으로 투입하는 노동을 剩餘勞動이라 한다. 잉여

노동은 임금이 지불되지 않는 특징이 있다. 한 사회의 생산력은 일정한 수준에 이르면 잉여생산물이 생산된다. K. 마르크스에 의하면 잉여노동에 의한 생산물이 잉여생산물로 자본주의 경제는 이를 근간으로 하여 확대발전한다고 하였다.

經濟剩餘 경제잉여 Economic Surplus

한자 : 經 다스릴 경 / 濟 건널 제 / 剩 남을 잉 / 餘 남을 여

직역 : 경제에서 남는 것

풀이 : 생산량과 소비량간의 차이

후진국 경제의 낙후성을 설명하기 위해 바란(P.A. Baran)이 설명한 개념이다. 사회의 실제적 산출량과 소비량간의 차액을 뜻하는 현실적 경제잉여와 주어진 자연적·기술적 환경 아래에서 가용생산자원의 이용으로 생산될 수 있는 산출량과 필수적 소비량간의 차액을 뜻하는 잠재적 경제잉여로 나뉜다. 바란은 사회구조를 합리적으로 개편하면 현실적 경제잉여를 잠재적 경제잉여 수준으로 끌어올릴 수 있다고 하였다.

消費者剩餘 소비자잉여 Consumer's Surplus

한자 : 消 사라질/쓸 소 / 費 쓸 비 / 者 사람 자 / 剩 남을 잉 / 餘 남을 여

직역 : 소비자가 생각하는 나머지 / 消費者 – 쓰는 사람

풀이 : 어떤 상품에 대해 소비자가 최대한 지불해도 좋다고 생각하는 가격(수요가격)에서
실제로 지불하는 가격(시장가격)을 뺀 차액

消費者剩餘는 구매자가 실제로 치르는 대가와 그가 주관적으로 평가하는 대가 사이의 차액이다. 즉 소비자가 얻고 싶은 재화를 낮은 가격에 살 경우 실제 구입 가격과 최대한 지불할 수 있다고 생각했던 가격과의 차이에서 소비자가 얻는 이득 부분이다.

資 本
자　　　본

한자 : 資 재물 **자** / 本 근본 **본**

직역 : 재물의 근본. 바탕이 되는 재물

풀이 : 재화와 용역의 생산에 사용되는 자산

資 는 次+貝다. 次(버금 차)가 음이고 貝(조개 패)는 뜻이다. '재물', '밑천', '비용' 등의 뜻으로 사용된다.

本 은 木(나무 목)의 아랫부분에 가로선을 하나 그어 나무의 뿌리부분을 표시했다. '뿌리', '근본' 이라는 뜻을 가진다.

경제학에서 資本이라는 말은 매우 다양한 의미로 사용된다. 일반적으로는 '축적된 부'를 뜻한다. 이때는 토지 · 공장과 같이 생산의 밑거름이 되는 생산수단이 포함된다. 자본을 기능적인 면에서 본다면, ① 實物(실물)로서의 자본, ② 貨幣(화폐)로서의 자본, ③ 자본의 分業(분업)이라는 3가지를 생각할 수 있다.

資金 자금 Capital

한자 : 資 재물 **자** / 金 쇠 **금**

직역 : 재물과 돈. 재물이 되는 돈

풀이 : 자본이 되는 금전

자본과 마찬가지로 다양한 의미로 사용된다. 경제활동을 하는 데는 자금이 필요한데 경제활동의 형태에 따라 자금의 종류가 나뉜다. 생산설비를 조달하기 위한 설비자금, 생산설비를 가동는 데 필요한 운전자금, 국가나 공공단체의 활동을 위한 재정자금, 가계의 소비에 드는 소비자금 등 다양하다. 기업 · 정부 · 소비자는 자금의 수요공급 역할을 동시에 한다. 자금의 수급이 이루어지는 시장이 금융시장이며, 또한 그 매개를 업으로 하는 것이 금융기관이다

資本金 자본금 Capital Stock

한자 : 資 재물 자 / 本 근본 본 / 金 쇠 금

직역 : 자본이 되는 돈

풀이 : 기업의 소유자 또는 소유자라고 생각되는 자가 사업의 밑천으로 기업에 제공한 금액

資本金은 영업이익을 목적으로 사업에 투자한 돈이다. 기업에서는 기업주가 내놓은 사업밑천을 의미하며, 주식회사의 경우는 발행주식의 액면총액이다(상법 451조)

資本主義 자본주의 Capitalism

한자 : 資 재물 자 / 本 근본 본 / 主 주인/주장할 주 / 義 옳을/사리 의

직역 : 자본을 주로 하는 의론

풀이 : 이윤추구를 목적으로 하는 자본이 지배하는 경제체제

資本主義는 개인의 돈 · 재물(資)을 경제의 근본(本)으로 하는 시스템이다. 생산수단을 자본으로서 소유한 자본가가 이윤획득을 위하여 경제활동을 하도록 보장하는 체제이다. 자유로운 경쟁을 보장하므로 시장경제라고도 한다. 사유 재산 제도, 영리 추구, 자유 경쟁을 바탕으로 하며 산업 혁명을 계기로 확립되었다.

資本市場 자본시장 Capital Market

한자 : 資 재물 자 / 本 근본 본 / 市 저자 시 / 場 마당 장

직역 : 자본의 시장

풀이 : 사업의 창설·확장·개량 등, 기업의 투자를 위하여 자금거래가 이루어지는 시장

資本市場은 장기금융시장(長期金融市場)이라고도 한다. 기업의 투자자금은 비교적 장기에 걸치는 것이 많기 때문이다. 단기금융시장인 화폐시장과 구별된다. 資本市場은 자금공급 방식에 따라 장기대부시장과 증권시장으로 나누어진다. 전자는 금융기관이 저축자로부터 조달한 자금을 장기자금수요자에게 장기대출하는 시장이다. 후자는 주식·공사채의 발행·매매를 통해 자금의 수급이 이루어지는 시장이다.

資本剩餘金 자본잉여금 Capital Surplus

한자 : 資 재물 자 / 本 근본 본 / 剩 남을 잉 / 餘 남을 여 / 金 쇠 금

직역 : 자본 거래에서 가외로 생기는 돈

풀이 : 회사의 영업이익 이외의 원천에서 발생하는 잉여금

자본거래에 의하여 생기는 잉여금이다. 자본 준비금, 재평가 적립금, 국고 보조금 따위가 있다.

自己資本 자기자본 Owner's Capital

한자 : 自 스스로 자 / 己 몸 기 / 資 재물 자 / 本 근본 본

직역 : 스스로의 자본

풀이 : 기업의 자본 중에서 출자의 원천에 따라 출자자에 귀속되는 자본 부분

채권자에 귀속되는 타인자본에 상대되는 개념이다. 즉 주인(Owner)의 돈이다. 자본금·법정준비금·잉여금을 총괄하므로 경영활동의 기초를 이루고, 기업이 계

속되는 한 상환되지 않는 것이 원칙이다. 자기자본은 상환기한이 없는 장기자본이다.

資本市場統合法　자본시장통합법

한자 : 資 재물 자 / 本 근본 본 / 市 저자 시 / 場 마당 장 /

統 거느릴/다 총 / 合 합할 합 / 法 법 법

직역 : 자본시장을 통합하는 법 / 統合 – 하나로 거느려 합함

풀이 : 증권 · 자산운용업, 선물 · 투자자문업 등 영역별로 나눠진 자본시장을 통합하는 법

金融統合法은 말 그대로 자본시장을 합치는 법이다. 경제 규모에 비해 낙후한 자본시장을 개혁하기 위해 추진한다. 금융회사의 겸업이 가능해지게 되면 증권업 · 선물업 · 자산운용업 등 자본시장 관련 금융업을 한꺼번에 다룰 수 있는 금융투자회사 설립이 가능해진다. 금융투자회사들은 막강한 자금력과 영업력으로 자본시장에서 더 큰 기능을 할 수 있게 되는 것이다.

財, 財貨
재, 재화

한자 : 財 재물 재 / 貨 재화 화

직역 : 재물, 재화 / 財貨 – 재물과 재화

풀이 : 財 = 財貨 – 사람이 바라는 바를 충족시켜 주는 모든 물건

財 는 貝+才이다. 貝(조개 패)가 뜻이고, 才(재주 재)는 음이다. 貝가 들어 있는 한자는 대개 '돈', '재물', '귀한 것', '상업' 과 관계가 깊다. 才가 들어가는 글자는 財, 材(재목 재)에서 알 수 있듯 대체로 '재' 로 읽는다. 財는 '재물' 이라는 뜻이다.

貨 는 化+貝다. 化될 화는 음이고 貝(조개 패)가 음이다. 財와 같은 뜻을 가진다.

경제용어에서는 단어의 끝에 財를 붙여 재화, 물건의 의미를 덧붙여준다. 다음은 財貨, 財와 관련된 용어이다.

經濟財 경제재 Economic Goods

한자 : 經 다스릴 경 / 濟 건널 제 / 財 재물 재

직역 : 경제의 대상이 되는 재화

풀이 : 획득하기 위해 대가를 지불해야 하는 재화

사용가치가 있고, 그 존재량이 희소하여 일정한 대가를 지불하여야만 얻을 수 있

는 재화, 점유나 매매 같은 경제행위의 객체가 되는 재화를 經濟財라고 한다. 즉, 돈이나 노력을 지불해야 얻을 수 있는 유형의 물건이라 하겠다. 일반적인 재화가 모두 經濟財에 속한다. 예를 들면 상품, 유가증권, 생산시설 등이다.

自由財 자유재 Free Goods

한자 : 自 스스로 자 / 由 말미암을 유 / 財 재물 재

직역 : 자유로운 재물 / 自由 – 스스로에게서 말미암음

풀이 : 획득하기 위해 대가를 지불할 필요 없는 재화

사용 가치는 있지만 무한으로 존재하여 대가를 지불하지 않고 자유롭게 사용할 수 있는 재화를 自由財라고 한다. 공기, 햇빛, 바닷물 등이 있다.

資本財 자본재 Capital Goods

한자 : 資 재물 자 / 本 근본 본 / 財 재물 재

직역 : 자본이 되는 재물

풀이 : 인간의 욕망을 직접 충족시키는 소비재의 생산과정에서 노동·토지를 제외한 재화

생산재에서 토지·노동을 제외한 재화를 資本財라 한다. 소비재와 대립되는 개념으로, 생산수단 또는 중간생산물이라는 점에서 中間財(중간재) 또는 手段財(수단재)라고도 하며, 투자의 대상이 되는 점에서 投資財(투자재)라고도 한다.

代替財 대체재 Substitutional Goods

한자 : 代 대신할 대 / 替 바꿀 체 / 財 재물 재 / 競 다툴 경 / 爭 다툴 쟁

직역 : 代替財 – 대체할 수 있는 재물 / 代替 – 대신하여 바꿈

풀이 : 代替財 – 서로 대신 쓸 수 있는 관계에 있는 두 가지의 재화. 대용재(代用財)

代替財는 비슷한 효용을 얻을 수 있기 때문에 대신 바꾸어 쓸 수 있는 두 재화를 말한다. 대체관계에 있는 두 재화는 하나의 수요가 증가하면 다른 하나는 감소한다. 따라서 서로 경쟁관계에 놓였다고 할 수 있으므로 競爭財(경쟁재)라고도 한다. 소득이 증대되면 상급제의 수요는 증가하고, 하급제의 수요는 감소한다.

補完財 보완재 Complementary Goods(=協同財협동재)

한자 : 補 기울/도울 보 / 完 완전할 완 / 財 재물 재 / 協 화할 협 / 同 함께 동

직역 : 補完財 – 보완해주는 재물 / 補完 – 기워서 완전하게 함. 도와서 완전하게 함

　　　協同財 – 협동하는 재물 / 協同 – 힘을 합쳐 같이 함

풀이 : 補完財 – 서로 보완 관계에 있는 재화 /

　　　協同財 – 함께 사용할 때 효용이 증대하는 재화

補完財는 효용을 위해서 함께 사용하여야 하는 두 재화를 말한다. 協同財(협동재)라고도 한다.

이들 재화는 따로 소비할 때 보다 두 재화를 함께 소비하였을 때의 효용이 증가한다.

보완관계에 있는 두 재화는 하나의 수요가 증가하면 다른 하나의 수요도 증가한다. 또, 하나의 가격이 올라도 두 재화의 수요가 동시에 감소하는 특징을 보인다.

獨立財 독립재 Independent Goods

한자 : 獨 홀로 독 / 立 설 립 / 財 재물 재

직역 : 獨立財 – 독립적인 재물 / 獨立 – 홀로 섬

풀이 : 소비 측면에서 서로 관련이 없이 독자적인 목적으로 사용되는 재화

優等財 우등재 · 上級財 상급재 Superior Goods · 正常財 정상재 Normal Goods

한자 : 優 넉넉할/뛰어날 우 / 等 같을/등급 등 / 財 재물 재 / 上 위 상 / 級 등급 급 /

　　　正 바를 정 / 常 항상/떳떳할 상

직역 : 優等財 – 우등한 재물 / 優等 – 뛰어난 등급

　　　上級財 – 상급인 재물 / 上級 – 위 급. 급이 위임

　　　正常財 – 정상적인 재물 / 正常 – 바르고 일정함. 바르고 떳떳함

풀이 : 優等財 = 上級財 = 正常財 : 실질소득이 증가할 때 그 수요량도 증가하는 재화

劣等財 열등재 Inferior Goods · 下級財 하급재

한자 : 劣 못할 렬 / 等 같을 등 / 財 재물 재 / 下 아래 하 / 級 등급 급

직역 : 劣等財 – 열등한 재물 / 劣等 – 못난 등급

　　　下級財 – 하급인 재물 / 下級 – 낮은 급. 급이 낮음

풀이 : 劣等財 = 下級財 : 실질소득이 증가함에 따라 수요가 감소하는 재화

기펜재 Giffen's Goods

풀이 : 재화의 가격이 하락하면 오히려 수요가 감소하는 재화

재화의 가격이 하락하면 수요가 증가한다는 수요공급 법칙의 예외현상이 기펜재에서는 발생한다. 영국의 경제학자 R. 기펜이 처음으로 발견한 데서 기펜이라고 한다.

소득의 증가에 따라 수요도 증가하는 재화가 있는 반면, 수요가 감소하는 재화가 있다. 앞의 것을 正常財(정상재)라고 하고, 뒤의 것을 劣等財(열등재)라고 한다. 열등재 중에서 열등성이 매우 커서 소득효과가 대체효과를 뛰어넘지 못한 재화를 기펜재라고 한다. 즉, 모든 기펜재는 열등재이나, 모든 열등재가 기펜재인 것은 아니다.

生産財 생산재 Production Goods

한자 : 生 날 생 / 産 낳을 산 / 財 재물 재

직역 : 생산적인 재화 / 生産 — 낳음. 만듦

풀이 : 생산과정에서 필요로 하는 재화

인간의 생산 활동의 최종적 목적은 소비재를 생산하는 데 있으나 실제로는 이를 위한 원료나 반제품 등 중간생산물과 기계·설비 등의 내구적 생산수단이 필요하다. 따라서 넓은 의미에서는 중간생산물과 자본재를 포함하지만 우리나라는 생산물에서 최종수요재를 제외한 중간재만을 生産財로 규정한다.

消費財 소비재 Consumption Goods

한자 : 消 사라질/쓸 소 / 費 쓸 비 / 財 재물 재

직역 : 소비적인 재물 / 消費 — 써서 없앰. 씀

풀이 : 인간이 욕망을 충족시키기 위하여 일상생활에서 직접 소비하는 재화

직접재·완성재·향락재라고도 한다. 재화의 생산을 위한 원료로 사용되는 생산재(중간재), 재화의 생산을 위한 설비로 사용되는 자본재 등과 구별된다. 소비재는 다시 便益(편익)을 받는 기간에 따라서 내구소비재와 비내구소비재로 나누어진다. 일반적으로 편익을 1년 이상 받을 수 있는 것을 내구소비재라고 하는데, 자동차·텔레비전·냉장고 등이 포함된다.

대체재? 경쟁재?

버터와 마가린처럼 서로 다른 상품에서 비슷한 효용을 얻을 수 있다면 대체재이다.

커피와 녹차처럼 한쪽을 소비하면 다른 쪽은 그만큼 덜 소비되어 서로 경쟁적인

관계에 있다면 경쟁재이다.

⇨ 꿩과 닭, 샤프펜슬과 연필, 떡과 빵, 고기와 생선, 수제비와 칼국수

보완재는?

한 세트 같다고 할까. 자동차와 휘발유처럼 한쪽을 소비하면 다른 쪽도 따라서

소비가 되는 특징이 있다.

⇨ 소주와 삼겹살, 커피와 설탕, 펜과 잉크, 바늘과 실, 버터와 빵

독립재는?

커피와 소금처럼 서로 영향을 주지 않고 소비에 있어서 독립적인 관계라면 독립재!

⇨샴푸와 로션, 지우개와 화이트펜, 화장지와 도화지

우등재와 정상재는?

우등재와 정상재는 소득이 증가함에 따라 수요도 증가하는 재화란 점에서는 같다.

예를 들면, 시장에서 '싸다 운동화'를 사서 집으로 돌아오다가 돈벼락을 맞아 갑자

기 부자가 되었다. 기쁜 마음에 곧바로 백화점으로 달려가서 최고 품질의 '달려 운

동화'를 샀다. 신고 달려보니 정말 좋았다. 그래서 '달려 운동화'를 꾸준히 사서 신

게 되었다. 이때 '달려 운동화'는 우등재, '싸다 운동화'는 열등재가 되는 것이다.

정상재와 열등재는?

그동안 돼지고기를 먹었던 효빈이네 가족이 소득이 증가하자 쇠고기를 먹었다면? 이 경우 쇠고기는 정상재, 돼지고기는 열등재라고 할 수 있다. 그런데 정상재라고 할까? 소득이 줄면 덜 쓰고, 소득이 늘면 늘어난 만큼 더 쓰게 되는 것이 정상이다. 그래서 그런 재화를 정상재라고 한다.

열등재와 기펜재는?

열등재는 소득이 늘어날 때 수요가 감소하는 재화, 기펜재는 재화의 가격이 하락할 때 수요가 감소하는 재화, 가격이 싸질수록 안 팔린다.

쌀밥을 먹고 싶었지만 가난해서 한달 내내 라면만 먹던 사람이 있었다. 이 사람의 소득이 늘어났다. 그래서 라면 대신 쌀을 사서 밥을 지어 먹는다(이 경우, 밥은 정상재, 라면은 열등재). 라면값이 100원에서 50원으로 떨어졌다. 떨어진 라면 값만큼 돈이 남으니 쌀을 사서 한 달에 5번 정도는 밥을 지어 먹는다. 결과적으로 라면의 소비가 25일로 줄어든 게 된다.(이 경우, 라면은 기펜재)

같은 재화가 생산재가 되기도 하고 소비재가 되기도 한다?

전기를 공장에서 사용하면 생산재, 가정에서 사용하면 소비재가 된다. 공장에서는 상품 생산을 위한 기계 가동에 전기를 소비한다. 이 경우 생산에 쓰이니까 생산재. 가정은 전기를 쓰더라도 상품을 생산하지 않는다. 그냥 소비하니까, 소비재.

서로 대비되는 재화는?

우등재↔열등재, 정상재↔열등재, 상급재↔하급재, 경제재↔자유재

限 界
한   계

한자 : 限 한정 한 / 界 지경 계
직역 : 한정된 범위 / 限界 – 제한하여 정한 경계
풀이 : 사물이나 능력, 책임 따위가 실제 작용할 수 있는 범위, 또는 그런 범위를 나타내는 선

限 은 阝+艮이다. 阝(阜)(언덕 부)는 뜻이고 艮(어긋날 간)이 뜻·음이다. 艮은 사람이 무언가를 보는 모습을 나타낸 것이다. 限은 언덕으로 막혀있는 것을 보려고 하는 것이다. '한정', '한계' 라는 뜻으로 사용된다.

界 는 田+介다. 田(밭 전)과 介(끼일 개)가 모두 뜻이다. 밭 사이에 끼어있는 경계를 나타냈다.

限界는 어떤 기준에 따라 정해진 경계의 안, 또는 범위를 뜻한다. 또는 능력이나 힘이 미칠 수 있는 범위를 말하기도 한다. 다음은 限界와 관련된 용어이다.

限界消費性向 한계소비성향 Marginal Propensity to Consume

한자 : 限 한계 한 / 界 지경 계 / 消 사라질/쓸 소 / 費 쓸 비 / 性 성품 성 / 向 향할 향
직역 : 소비를 한계 짓는 성향
풀이 : 새로 늘어난 소득 가운데 소비에 쓰는 돈의 비율

限界消費性向은 소득의 증가분에 대한 소비의 증가분의 비율을 말한다. 소득의 몇 %가 소비되는지를 알 수 있다. 일반적으로 소득이 증가할 때 한계소비성향은

낮아진다. 限界消費性向은 저소득층일수록 높다.

限界效用 한계효용 Marginal Utility

한자 : 限 한계 한 / 界 지경 계 / 效 본받을/보람 효 / 用 쓸 용

직역 : 효용에 관한 한계 / 效用 – 보람과 쓰임

풀이 : 재화 1단위의 추가소비에서 얻는 총 효용의 증가분

限界效用은 재화에 대한 개인의 욕망이 수치로 분석된 것이다. 재화를 소비할 때 소비자가 얻는 주관적인 욕망충족의 정도를 효용이라 하고, 재화의 소비량을 변화시키고 있을 경우 추가 1단위, 즉 한계 단위의 재화의 효용을 限界效用이라 한다. 일반적으로 재화의 소비량이 증가하면 한계효용은 감소한다(한계효용 체감의 법칙).

限界效用價值說 한계효용 가치설 Marginal Utility Theory

한자 : 限 한계 한 / 界 지경 계 / 效 본받을/보람 효 / 用 쓸 용 / 價 값 가 / 値 값 치 / 說 말씀 설

직역 : 한계효용의 가치에 대한 설

풀이 : 일정량의 재화가 소비자의 욕망을 만족시키는 정도

限界效用 價値說은 限界效用說이라도 하며, 재화에 대한 개인의 주관적 가치를 중시하는 이론이다.

限界效用均等-法則 한계효용균등의 법칙 Law of Equimarginal Utility

한자 : 限 한계 한 / 界 지경 계 / 效 본받을/보람 효 / 用 쓸 용 / 均 고를 균 / 等 같을 등 /

法 법 법 / 則 법칙 칙

직역 : 한계효용이 균등하다는 법칙 / 均等 – 고름. 같음

풀이 : 한계효용이 균등하다는 법칙

소비자가 주어진 소득으로 최대의 효용을 얻도록 재화를 합리적으로 소비한다면, 결국 각 재화의 한계효용은 균등하게 된다. 이를 限界效用均等의 法則이라고 한다. 이것을 '고센의 제 2법칙' 또는 '극대만족의 법칙'이라고도 한다.

限界效用遞減-法則 한계효용체감의 법칙 Law of Diminishing Marginal utility

한자 : 限 한계 한 / 界 지경 계 / 效 본받을/보람 효 / 用 쓸 용 / 遞 갈마들 체 / 減 덜 감 /
法 법 법 / 則 법칙 칙

직역 : 한계효용이 점점 줄어든다는 법칙

풀이 : 일정한 기간 동안 소비되는 재화의 수량이 증가할수록 재화의 추가분에서 얻는
한계 효용은 점점 줄어든다는 법칙

일반적으로 재화의 소비량이 증가하면 필요도나 만족도가 점점 감소하는 경향이 있다. 이를 限界效用遞減의 法則이라고 한다.

效 果
효   과

한자 : 效 본받을/보람 **효** / 果 열매 **과**

직역 : 보람과 결과

풀이 : 어떤 목적을 지닌 행위에 의하여 나타나는 보람이나 좋은 결과

效 는 交+攵이다. 交(사귈 교)가 음이고 攵(攴)(칠 복)은 뜻이다. 어린 아이
를 회초리로 때려 바른 것을 본받게 만드는 것을 표현했다. 交는 矢
(화살 시)가 잘못 변한 것이라는 설명도 있다. 이때는 화살을 두드려 똑같이 만
드는 것이 된다.

果 는 나무에 열매가 주렁주렁 달려있는 것이다. 田은 밭이 아니라 '나
무에 열린 열매'를 나타낸 것이다.

效果는 어떤 행위에 의해 나타나는 보람이나 결과이다. 공부를 했더니 '합
격'이라는 결과가 나왔다, 그러면 공부한 효과가 있는 것이다. 이처럼 경제에
서도 어떤 변화가 특별한 작용을 하는 것을 效果라 한다. 학습 效果가 있는
지 없는지, 效果와 관련된 용어를 살펴보자.

價格效果 가격효과

한자 : 價 값 가 / 格 격식 격 / 效 본받을/보람 효 / 果 열매 과

직역 : 값의 효과 / 價格 – 값, 가치

풀이 : 재화, 용역의 가격 변화나 환시세의 변화가 생산, 수요 따위에 미치는 영향

어떤 재화의 가격변화는 구매나 생산량의 변화를 불러일으킨다. 예컨대 100원 하던 컵이 300원이 되면 생산은 늘고, 컵을 사는 사람은 준다. 반대로 가격이 싸지면 생산이 줄고 수요가 늘어난다. 이와 같이 재화의 가격변동이 가져오는 수요와 생산의 변동을 價格效果라 한다.

所得效果 소득효과 Income Effect

한자 : 所 바 소 / 得 얻을 득 / 效 본받을/보람 효 / 果 열매 과

직역 : 소득의 효과 / 所得 – 얻는 것. 수입

풀이 : 소득 변화가 재화의 수요량에 미치는 영향

所得效果는 가격효과, 대체효과와 연관지어 생각하는 게 좋다. 100원 하던 컵이 50원으로 값이 떨어졌다고 하자. 값이 떨어진 만큼 소비자는 컵을 더 살 여력이 생긴 게 된다. 결과적으로 소비자의 소득이 증가한 것과 같은 효과가 나타나는데 이런 것을 所得效果라고 한다. 즉, 소득의 변화가 재화의 수요에 미치는 효과를 所得效果라 하는 것이다.

代替效果 대체효과 Substitution Effect

한자 : 代 대신할 대 / 替 바꿀 체 / 效 본받을/보람 효 / 果 열매 과

직역 : 대체되는 효과 / 代替 – 대신하여 바꿈. 바꿈

풀이 : 실질소득에 영향을 미치지 않는 상대가격 변화에 의한 효과

상대가격만이 변화할 때 그 대체재의 수요량이 늘거나 줄어들어 수요와 공급의 균형을 맞추는 일을 代替效果라고 한다.

👀 경제 PLUS │ 소득효과와 대체효과 구분하기

어떤 상품의 가격 변화는 그 상품 및 다른 상품의 수요에 대하여 영향을 미치는데, 이러한 영향은 두 가지 효과로 나누어서 생각할 수 있다. 예컨대, 버터 값이 떨어졌다면 그만큼 버터를 더 구매할 수 있는 실질소득 증가 효과가 나타난다. 이런 경우 일반적으로 버터 수요도 늘어난다. 이처럼 어떤 상품의 가격 변화가 실질소득의 변화를 가져 와 각 상품의 수요에 영향을 미칠 경우, 그 효과를 所得效果라고 한다. 이에 대해 버터 값이 떨어지면 마가린보다 버터를 더 소비하는 편이 유리해지며, 이에 따라 마가린의 수요가 줄고, 버터의 수요가 그만큼 늘어난다(마가린이 버터로 대체됨). 이처럼 상대가격의 변화가 각 상품의 수요 변화에 영향을 미칠 경우, 그 효과를 代替效果라고 한다.

相對價格 – 일정 상품의 가격과 비교하여 교환 비율로써 표시한 다른 상품의 가격

絕對價格 – 상품의 가치를 화폐량으로 표시한 가격

相乘效果 상승효과(시너지 효과) Synergy Effect

한자 : 相 서로 상 / 乘 탈/곱할 승 / 效 본받을/보람 효 / 果 열매 과

직역 : 서로 타는 효과 / 相乘 – 서로 곱함

풀이 : 여러 요인이 함께 작용하여 하나씩 작용할 때보다 더 커지는 효과

상승효과는 확산효과라고도 한다. 기업에서는 특정 생산 자원을 다면적으로 활용해서 얻어지는 효과를 말하고, 기업 합병으로 얻는 경영상의 효과를 가리키기도 한다. 예컨대 2+4=6가 아니라 8 이상이 나오는 것이다.

乘數效果 승수효과 Multiplier Effect

한자 : 乘 탈/곱할 승 / 數 셈 수 / 效 본받을/보람 효 / 果 열매 과

직역 : 곱셈의 효과 / 乘數 – 어떤 수에 곱하는 수

풀이 : 경제 현상에서, 어떤 경제 요인의 변화가 다른 경제 요인의 변화를 유발하여 파급적
　　　효과를 낳고 최종적으로는 처음의 몇 배의 증가 또는 감소로 나타나는 총 효과

乘數는 곱하는 수이다. 예컨대 20×5에서 5를 승수라 하고, 20을 곱셈을 당하는
수라는 의미로 피승수(被乘數)라 한다. 승수는 '+'(덧셈)이 아닌 '×'(곱셈)이므로
값이 배로 뛰게 된다. 이처럼 경제에서도 어떠한 변수의 변화가 다른 것에 영향
을 주어 파급효과를 낳아 몇 배의 효과를 나타냈을 때, 최종적인 총 효과를 乘數
效果라 한다. 예컨대 100원의 투자가 파급효과를 낳아, 궁극적으로는 500원이
라는 소득 증가를 가져왔다면, 100원이라는 투자의 증가가 몇 배의 소득증가를
가져오는지에 대해 밝히는 것이다.

依存效果 의존효과 Dependent Effect

한자 : 依 의지할 의 / 存 있을 존 / 效 본받을/보람 효 / 果 열매 과

직역 : 의존하는 효과 / 依存 – 의지하여 있음

풀이 : 산업 사회와 같이 풍요한 사회에서 실제적인 필요에 의해서가 아니라 생산 과정
　　　자체가 소비자의 욕망을 만들어 내는 현상

依存은 자주적이지 못하고 기대는 것이다. 소비자의 수요가 소비자 자신의 자주
적 욕망에 따른 것이 아니라, 생산자의 광고 · 선전 등에 의존하여 이루어지는 현
상을 依存效果라 한다. 재화가 넘쳐날수록 특별한 재화를 구매하여 남들보다 더
돋보이려는 소비자의 욕망도 비례해서 커지게 된다. 이때 생산자가 광고나 선전
을 통해 소비욕구를 더 크게 만듦으로서 수요가 생산에 의존하는 현상이 발생한
다. 생산의 수준이 높으면 소비하고자 하는 욕망을 이끌어내는 수준도 높고, 욕
망의 충족도도 높다고 한다. 이와 같이 '욕망 충족 과정에 의존하는 관계'를 미국
의 경제학자 갈브레이스(J.K.Galbraith)는 依存效果라고 하였다.

展示效果 전시효과 Demonstration Effect

한자 : 展 펼 전 / 示 보일 시 / 效 본받을/보람 효 / 果 열매 과

직역 : 펼쳐서 보여줄 때 발생하는 효과 / 展示 – 펼쳐서 보여줌. 效果 – 보람과 열매

풀이 : 소비 지출이 자신의 소득 수준에 따르지 아니하고 타인을 모방함으로써 늘어나게
　　　되는 사회적 · 심리적 효과

展示效果는 소비가 소득 수준에 따르지 않고 타인의 모방에 의해 증대되는 사회적 · 심리적 효과이다. 후진국이나 저소득자가 선진국이나 고소득자의 소비 양식을 본 따서 분수에 맞지 않게 소비를 늘이는 예도 展示效果로 설명한다. 즉 주변의 소비 수준이 높으면 따라서 소비자의 소비 수준이 높아지고, 낮으면 같이 낮아지는 것이다. 展示效果 현상은 저축을 감소시키고 인플레이션 압력을 촉진시켜 후진국의 경제 발전에 장애를 주는 반면, 선진국에서는 소비 성향이 낮아지기 때문에 불경기를 일으키기 쉽다.

경제 PLUS │ 베블렌 효과 Veblen Effect

가격이 높을수록 허영심과 과시욕 때문에 수요가 늘어나는 현상이다. 미국의 베블런 (Thorstein Bunde Veblen)이 《유한계급론(有閑階級論)》에서 '상류층의 소비는 사회적 지위를 과시하기 위하여 행해진다"고 말한 데서 유래하였다.

베블렌 효과는 대개 고급자동차. 고가의 의상, 귀금속 등에 대한 수요에서 나타난다.

가족과 친척, 어떻게 불러야 할까?

1. 내외간의 호칭

남편에 대한 호칭

신혼 초 : 여봐요, 여보, ○○씨

자녀가 있을 때 : 여보, ○○아버지

아내에 대한 호칭

신혼 초 : 여봐요, 여보, ○○씨

자녀가 있을 때 : 여보, ○○엄마(어머니)

장노년 : 여보, 임자, ○○할머니

2. 시부모에 대한 호칭

시아버지에 대한 호칭 : 아버님

시어머니에 대한 호칭 : 어머님

3. 며느리에 대한 호칭

신혼 초 : 아가, 새 아가

자녀가 있을 때 : 어미야, ○○어미야

4. 처부모에 대한 호칭

장인에 대한 호칭 : 장인어른, 아버님

장모에 대한 호칭 : 장모님, 어머님

5. 사위에 대한 호칭

○ 서방, 여보게, ○○이

5. 내외의 동기와 그 배우자에 대한 호칭

남편의 동기와 그 배우자의 경우

남편의 형(媤叔) : 아주버님

남편의 아우(媤同生) : 도련님

남편의 누나(시누이) : 형님

남편의 누이동생(손아래 시누이) : 아가씨, 아기씨

남편의 형의 아내(손위 同壻) : 형님

남편의 아우의 아내(손아래 同壻) : 동서

남편의 누나의 남편(손위 시누이남편) : 아주버님, 서방님

남편의 누이동생의 남편(손아래 시누이남편) : 서방님

아내의 동기와 그 배우자의 경우

아내의 오빠(妻男) : 처남, 형님

아내의 남동생(손아래 妻男) : 처남, ○○(이름)

아내의 언니(妻兄) : 처형

아내의 여동생(妻弟) : 처제

아내의 오빠의 부인(妻男의 댁) : 아주머니

아내의 남동생의 부인(손아래 妻男의 댁) : 처남의 댁

아내의 언니의 남편(손위 同壻) : 형님, 동서

아내의 여동생의 남편(손아래 同壻) : 동서, 서방

7. 동기와 그 배우자의 호칭

남자의 경우

형(兄) : 형, 형님

형의 아내(兄嫂) : 아주머님, 형수님

남동생 : ○○(이름), 아우, 동생

남동생의 아내(弟嫂) : 제수씨, 계수씨

누나 : 누나, 누님

누나의 남편(妹夫) : 매부, 매형(妹兄)

여동생 : ○○(이름), 동생, ○○어머니(엄마)

여동생의 남편 : 매부, ○서방

여자의 경우

오빠 : 오빠, 오라버니(님)

오빠의 아내 : (새)언니

남동생 : ○○(이름), 동생, ○○아버지(아빠)

남동생의 아내 : 올케, ○○어머니(엄마)

언니 : 언니

언니의 남편 : 형부(兄夫)

여동생 : ○○(이름), 동생, ○○어머니(엄마)

여동생의 남편 : ○서방, ○○아버지(아빠)

8. 숙질간의 호칭

아버지의 형(伯父) : 큰아버지

아버지의 형의 아내(伯母) : 큰어머니

아버지의 남동생(叔父) : 미혼 – 삼촌, 아저씨, 기혼 – 작은 아버지

아버지의 동생의 아내(叔母) : 작은 어머니

아버지의 누이(姑母) : 고모, 아주머니

아버지의 누이의 남편(姑母夫) : 고모부

어머니의 남자 형제(外叔) : 외삼촌, 아저씨

어머니의 남자 형제의 아내(外叔母) : 외숙모, 아주머니

어머니의 자매(姨母) : 이모, 아주머니

어머니의 자매의 남편(姨母夫) : 이모부, 아저씨

남형제의 아들(姪) : 미성년 – ○○(이름) 성 년 – 조카, ○○아범, ○○아비

남형제의 아들의 배우자(姪婦) : (새)아가, ○○어멈, ○○어미

남형제의 딸(姪女) : 미성년 – ○○(이름) 성 년 – 조카, ○○어멈, ○○어미

9. 사촌간의 호칭

아버지 남형제의 자녀(四寸) : 형님, 누님, 동생

아버지 여형제의 자녀(姑從) : 고종, 고종사촌, 내종, 내종사촌(형님, 누님, 동생)

어머니 여형제의 자녀(姨從) : 이종, 이종사촌(형님, 누님, 동생)

10. 사돈간의 호칭

바깥사돈끼리 : 사돈

안사돈끼리 : 사부인(査夫人), 사돈

바깥사돈이 안사돈에게 : 사부인

안사돈이 바깥사돈에게 : 사돈어른

위 항렬에게 : 사장어른

아래 항렬에게 또는 아래 항렬끼리 남자에게 : 사돈, 사돈도령, 사돈총각

아래 항렬에게 또는 아래 항렬끼리 여자에게 : 사돈, 사돈아가씨, 사돈처녀

銀 行

은 행

한자 : 銀 은 은 / 行 다닐/가게 행

직역 : 은 가게

풀이 : 예금을 받아 그 돈을 자금으로 하여 대출, 어음 거래, 증권의 인수 따위를 업무로
하는 금융 기관

銀은 金+艮이다. 金(쇠 금)이 뜻이고 艮(어긋날 간)은 음이다. 광물 가운
데 '은'이라는 음을 가진 것을 나타낸 것이다.

行은 네거리의 모양이다. 네거리는 사람들이 많이 다니는 곳이므로 '다
니다', '걷다', '행하다'라는 뜻을 갖게 되었다. 항렬(行列), 항오(行
伍) 등 '거리', '줄', '가게'라는 뜻의 명사로 쓰일 때는 '항'이라고 읽는다.

한자어 銀行은 화폐인 은과 관련된 가게란 뜻이다. 중국은 銀을 화폐처럼 사
용하는 전통이 있었다. '行'은 무역하는 상인들이 만든 상인조합이었다. 이
들 行은 원거리 무역에 필요한 화폐로써 銀을 사용하였다. 즉, 銀이 오늘날의
달러와 같은 국제통화였던 셈이다. 行이 상업활동을 바탕으로 하여 점차 금
융업의 주체가 되면서 '銀行'이란 말이 만들어진 것이다.

영어 Bank란 말은 11세기 이탈리아의 무역시장에서 유래한다. 당시의 화폐
는 종류가 많고 품질도 조악하여 원활한 교역을 방해하였다. 이로 인해 무역
시장에 환전상들이 등장하게 되었다. 이들 환전상들 즉, 상인들을 위해 작은

탁자(Banko)를 놓고 환전업무나 신용장을 취급하던 사람들(Banko)이 점차 어음과 예금업무를 보기 시작하면서 Bank란 말이 생긴 것이다.

다음은 銀行과 관련된 용어이다.

國際決濟銀行 국제결제은행 BIS : Bank for International Settlements

한자 : 國 나라 국 / 際 사이 제 / 決 터질/끊을/결정할 결 / 濟 건널/이룰/그칠/건질 제 /
銀 은 은 / 行 다닐/가게 행

직역 : 決濟 – 일을 처리하여 끝을 냄. 증권 또는 대금을 주고받아 매매 당사자 사이의
거래 관계를 끝맺는 일

풀이 : 1930년 5월에 설립된 가장 오래된 국제금융기구

주의 : 決裁(결재 : 決 결정할 결 / 裁 마를 재)는 결정할 권한이 있는 상관이 부하가 제출한
안건을 검토하여 허가하거나 승인하는 것

통상 BIS라고 부른다. 1차 세계대전 후 독일의 배상문제를 처리할 목적으로 발족하였다. 현재는 각국 중앙은행 간 또는 일반은행과 중앙은행 사이의 상호 결제업무를 주로 담당하고 있다. 아울러 회원국 중앙은행들의 협력과 금융정책의 조정, 국제통화문제에 관한 논의와 결정 등 국제금융시장의 현안 해결에도 적극 나서고 있다.

投資銀行 투자은행 Investment Bank

한자 : 投 던질 투 / 資 재물 자 / 銀 은 은 / 行 다닐/가게 행

직역 : 투자를 주업으로 하는 은행 / 投資 – 재물에 댐

풀이 : 소비자 금융뿐만 아니라 단기금융 업무, 선물 옵션, 파생금융 상품 업무,
인수 · 합병(M&A) 등을 수행하는 은행

投資銀行은 투자를 전문으로 하는 은행이다. 장기 산업자금을 취급하는 점에서

단기신용을 주로 하는 상업은행과 대비된다. 골드만 삭스, 메릴린치 등이 대표적인 투자은행이다. 외국에서는 투자은행이 자회사로 은행, 보험, 부동산회사 등을 두고 여러 가지 복합상품을 취급하는 종합금융 서비스도 한다.

特殊銀行 특수은행 Special Bank

한자 : 特 특별할 특 / 殊 벨/다를 수 / 銀 은 은 / 行 다닐/가게 행

직역 : 특수한 은행 / 特殊 – 특별하고 다름

풀이 : 은행법 이외의 특별한 법령에 따라 설립된 은행

상업금융기관인 일반 은행이 재원, 채산성, 전문성 등의 제약으로 자금을 공급하기 어려운 국민 경제의 특수 부분에 필요한 자금을 원활히 공급해 줌으로써, 일반 은행의 기능을 보완하고 이를 통해 국민경제의 균형적 발전을 도모하기 위해 설립된 은행이다. 우리나라에서는 한국수출입은행, 한국외환은행, 중소기업은행이 있고 농업협동조합, 축산업협동조합, 수산업협동조합의 신용사업부문 등이 있다.

相換銀行 상환은행 Reimbursement Bank

한자 : 相 서로 상 / 換 바꿀 환 / 銀 은 은 / 行 다닐/가게 행

직역 : 상환을 처리하는 은행 / 相換 – 서로 맞바꿈

풀이 : 발행은행을 대신하여 어음을 매입한 은행의 상환청구를 처리하는 은행

相換銀行은 어음의 지급·인수·매입을 한 매입은행으로부터 어음의 상환청구를 받았을 때 이를 상환해주는 은행이다. 신용장 거래에서 기본관계당사자는 아니나 발행은행의 지급담당자로서 거래의 편의를 제공하는 역할을 한다. 거래국의 제3의 은행을 통한 대금상환방식이 환율변동에 따른 환차손의 위험을 피할 수가 있다는 장점을 지녀 중요시된다.

制度, 制, 政策

제 도, 제, 정 책

한자 : 制 마를/법 제 / 度 법 도 / 政 정사 정 / 策 꾀 책

직역 : 制度 – 법. 制 – 법. 政策 – 정치적 계책

풀이 : 制度 – 관습이나 도덕, 법률 따위의 규범이나 사회 구조의 체계 /

制 – 제도 / 政策 – 정치적 목적을 실현하기 위한 방책

制 는 牜+刂 다. 牜(未)와 刂가 모두 뜻이다. 牜는 가지가 많은 나무이다. 未(아닐 미)의 변형이다. 制는 가지가 많은 나무를 칼로 잘라 필요한 것을 만드는 것을 표현한 글자이다. '자르다', '만들다', '억제하다' 라는 뜻으로 사용된다.

度 는 庐+又다. 庐(庶)(무리 서)는 음이고 又(또 우)는 뜻이다. 又는 오른손의 모양이다. 손으로 한 뼘씩 재는 것을 표현했다. 본뜻인 '재다' 일 때는 '탁' 으로 읽고, 나중에 생긴 '법' 도, '정도' 일 때는 '도' 로 읽는다.

政 은 正+攵이다. 正(바를 정)은 뜻・음이고 攵(攴)(칠 복)은 뜻이다. 공자는 政, 正也라고 했다. '정치', '정사' 는 잘못된 것을 바로잡아 다스리는 것이다.

策 은 竹+束이다. 竹(대 죽)이 뜻이고 束(가시 자)는 음이다. 말을 탈 때 쓰는 채찍이다. 나중에 '대쪽', '꾀' 라는 뜻도 생겼다.

다음은 제도나 정책과 관련된 용어이다.

管理通貨制度 관리통화제도 managed currency system

한자 : 管 관/맡을 관 / 理 다스릴 리 / 通 통할 통 / 貨 재화 화 / 制 마를/법 제 / 度 법 도

직역 : 통화를 관리하는 제도 / 管理 – 맡아 다스림. 通貨 – 유통되는 재화

풀이 : 통화의 증감이 금보유량의 증감에 연동되지 않고 통화관리자의 자유재량으로
통화량을 경제 사정에 따라 합리적으로 통제 또는 관리하는 제도

管理通貨制度는 한 나라의 통화량을 금보유량에 관련시키지 않고 통화관리 당
국(정부나 중앙은행)의 재량에 의해 조절해 나가는 제도이다. 물가안정과 환시세
안정이 목적이다.

與信管理制度 여신관리제도

한자 : 與 줄 여 / 信 믿을 신 / 管 관/맡을 관 / 理 다스릴 리 / 制 마를/법 제 / 度 법 도

직역 : 주는 것을 관리하는 제도 / 與信 – 신용으로 줌. 管理 – 맡아 다스림

풀이 : 대기업들이 은행돈을 지나치게 끌어 쓰지 못하도록 대출금 한도를 규제하고 부동산
등을 취득할 때 자구의무를 이행토록 하는 제도

우리나라는 금융기관의 여신이 재벌에 편중되는 것을 지양하고 기업의 무리한
확장이나 부동산 취득을 막기 위해 대출금의 규모를 제한하는 與信管理制度를
1974년부터 시행하였다.

出資總額制限制度 출자총액제한제도

한자 : 出 날 출 / 資 재물 자 / 總 거느릴/다 총 / 額 이마/머릿수 액 / 制 마를/법/누를 제 /
限 한계 한 / 制 마를/법 제 / 度 법 도

직역 : 재물을 낼 때, 총액을 제한하는 제도

풀이 : 대규모 기업집단에 속하는 회사가 순자산액에 대비한 법정금액을 초과해
　　　국내회사에 출자할 수 없도록 한 제도

出資總額制限制度는 대기업 집단이 순환 출자를 통해 다수의 계열기업을 거느
리는 선단식 경영을 막기 위해 시행한 제도이다. 1998년 폐지됐다가 최근 순환
출자가 급증하자 2001년 4월부터 재도입하였다. 이 제도의 규제를 받으면 각각
의 기업은 다른 기업에 대한 출자 금액이 순자산의 얼마를 넘을 수 없다. 따라서
지금처럼 오너의 경영권을 확보해주기 위해 A기업이 B기업에 출자하고, B기업
이 C기업에, C기업이 다시 A기업에 출자하는 방식의 순환출자가 어렵게 된다.
순자산은 자기자본에서 계열기업 출자분을 뺀 금액으로 산정된다.

支給準備制度 지급준비제도 Reserve Requirement System

한자 : 支 가지/지출 지 / 給 줄 급 / 準 수준기/법 준 / 備 갖출 비 / 制 마를/법 제 / 度 법 도
직역 : 지급을 준비하도록 정한 제도 / 準備 – 준하여 갖춤
풀이 : 은행예금의 일정비율을 지급준비금으로서 중앙은행에 강제적으로 예금시켜
　　　그 비율을 상하로 조절하여 통화량을 조정하는 제도

支給準備制度는 시중은행이 예금의 일정 비율을 중앙은행에 예입하거나 유동
자산으로 적립하여 둘 것을 의무화하는 제도이다. 준비예금제도 · 예금지급준비
제도라고도 한다.

支給準備律 지급준비율 Cash Reserve Ratio

한자 : 支 가지/지출 지 / 給 줄 급 / 準 수준기/법 준 / 備 갖출 비 / 律 법/비율 률
직역 : 지급할 것에 준비하는 정도
풀이 : 금융기관이 고객으로부터 받아들인 예금의 일정 비율을 중앙은행에 예치하는
　　　지급준비금의 비율

지급준비율은 중앙은행이 비율을 조절함으로써 시중은행이 운용하는 자금량을 증감할 수 있기 때문에, 공개시장조작이나 금리정책과 함께 금융 정책에서 중요한 역할을 한다.

지급준비율을 조금만 변동시켜도 은행에 미치는 영향이 크기 때문에 우리나라에서는 지급준비율 정책을 통화량 조절의 주요한 수단으로 사용할 때가 많다.

獨立採算制 독립채산제 Self-Supporting Accounting System

한자 : 獨 홀로 독 / 立 설 립 / 採 캘/가릴 채 / 算 셈 산 / 制 마를/법 제

직역 : 독립적으로 가려서 계산하는 법 / 獨立 – 홀로 섬. 採算 – 가려서 셈함

풀이 : 동일 기업 내의 공장, 지점, 영업소 등 사업소 단위로 수지 결산을 따로 해서 실적을 경쟁하게 하는 경영 시스템

獨立採算制는 한 기업 내의 수입과 지출을 단위, 분과별로 따로 계산을 하도록 한 제도이다. 각 단위별로 나누었기 때문에 경영성과를 명확히 파악하는 데 효과적이다. 우리나라의 공기업은 이 제도를 채용하여 시행하고 있다.

從業員持株制度 종업원지주제 ESO : Employee Stock Ownership Plan

한자 : 從 좇을/종사할 종 / 業 일 업 / 員 인원/관원 원 / 持 가질 지 / 株 그루/주식 주 / 制 마를/법 제 / 度 법 도

직역 : 일에 종사하는 사람이 주식을 가지는 제도. 從業員 – 일에 종사하는 사람. 持株 – 주식을 가짐

풀이 : 종업원에게 자사의 주식을 취득시켜 이익 배당에 참여케 하는 제도

從業員持株制度는 해당 회사의 종업원이 자기 회사의 주식을 취득하여 보유하는 제도이다. 우리사주조합이라고도 한다. 유상증자나 공모 때 종업원에게 우선권을 주며, 반대로 매도시에는 일정한 제한이 따른다. 회사로서는 안정 주주를

늘리게 되고 종업원의 저축을 회사의 자금원으로 할 수 있으며, 종업원도 매 월의 급여 등 소액으로 자사주를 보유할 수 있고, 회사의 실적과 경영 전반에 대한 의식이 높아지는 효과가 있다.

總額賃金制 총액임금제

한자 : 總 거느릴/다 총 / 額 이마/머릿수 액 / 賃 품팔이 임 / 金 쇠 금 / 制 마를/법 제
직역 : 전체 금액으로 임금을 살피는 법 / 總額 – 모든 금액. 賃金 – 품을 판 돈
풀이 : 근로자가 1년간 고정적으로 지급받는 기본급과 각종 수당, 상여금 등을 합산하여 12로 나눈 액수를 기준으로 임금인상률을 결정하는 제도

總額林檎制는 복잡한 임금 구성비로 인한 비효율성을 극복하기 위해 수당을 통산한 총액임금을 기준으로 임금관리를 행하는 제도이다. 각종 수당 신설로 인한 임금의 편법인상을 막고 고임금업종의 임금인상을 억제할 수 있다. 공무원 · 국공영기업체 · 언론사 · 대기업 등을 대상으로 실시하고 있다. 총액임금에는 고정 기본급 · 직무수당 · 정기상여금, 연월차수당 등 지급금액이 확정되어 있는 수당은 모두 포함되며, 연장근로수당 · 야간근로수당 · 휴일근로수당 등 경영성과에 따라 지급되는 성과급적 상여금 및 특별상여금은 제외된다.

物價連動制 물가연동제 Indexation

한자 : 物 물건 물 / 價 값 가 / 連 잇닿을 련 / 動 움직일 동 / 制 마를/법 제
직역 : 물건 값에 잇닿아 움직이게 하는 법 / 連動 – 잇따라 움직임
풀이 : 임금, 금리 등을 정할 때 일정한 방식에 따라 물가에 연동시키는 정책

영어로 '물가 지수(Index)에 맞춘다'는 뜻으로, 인덱싱(Indexing)이라고도 한다. 인플레이션의 진행으로 생기는 명목가치와 실질가치의 차를 메우고 인플레이션이 실제경제에 미치는 나쁜 영향을 극복하기 위해 시행한다.

物價指數 물가지수 Price Index

한자 : 物 물건 물 / 價 값 가 / 指 가리킬 지 / 數 셈 수

직역 : 물건 값을 나타내는 수 / 指數 – 가리키는 수

풀이 : 물가의 변동을 종합적으로 나타내는 지수

物價指數는 물가의 변동을 파악하기 위해 작성하는 지수이다. 기준 시점의 물가를 100으로 잡고 그 후의 그 상품의 가격 변동 상태를 100에 대한 比例數(비례수)로 나타낸다.

誘水政策 유수정책 Pump Priming Policy

한자 : 誘 꾈 유 / 水 물 수 / 政 정사 정 / 策 꾀 책

직역 : 물을 유도하는 정책 / 誘水 – 물을 끌어오도록 함. 다른 물을 끌어오는 물

풀이 : 정부가 민간 투자에 자극을 주어 경기를 활성화시키기 위해 하는 공공 투자 정책

誘水政策은 불황기에 재정지출의 증대를 통해 경기회복을 꾀하는 정책이다. 펌프에 유수를 부어 물을 끌어올리는 것처럼 정부가 민간투자를 자극하기 위해 행하는 공공 투자 정책이 여기에 속한다.

保 證
보   증

한자 : 保 지킬 보 / 證 증명할 증

직역 : 지키고 증명함. 책임지고 증명해 줌

풀이 : 채무자가 채무를 이행하지 아니할 경우에, 채무자를 대신하여 채무를 이행할 것을
부담하는 일

保 는 亻+呆다. 亻(사람 인)과 呆(업힌아기 보)가 모두 뜻이다. 呆는 강보에
싸인 어린아이이다. 엄마가 어린아이를 강보에 싸서 업고 있는 모습
을 표현했다. '기르다', '지키다' 라는 뜻으로 사용된다.

證 은 言+登이다. 言(말씀 언)이 뜻이고 登(오를 등)은 음이다. '고발하
다', '증거' 라는 뜻으로 사용된다. 登이 들어있는 한자는 주로 '등',
'증', '징'과 같은 음을 가진다.

保證에는 보통의 보증 이외에 연대보증·공동보증·근보증(신용보증)·副
保證(부보증)·구상보증(역보증)·배상보증 등 여러 가지 종류가 있으며, 거
래관계의 필요에 따라 이러한 보증이 혼합된 계약으로 이루어지는 경우도
있다.

다음은 보증과 관련된 용어이다.

保證金 보증금 Deposit

한자 : 保 지킬 보 / 證 증명할 증 / 金 쇠 금

직역 : 책임지고 증명하는 돈

풀이 : 장래 발생할지도 모르는 채무를 담보하기 위하여 특정한 관계에 있는 사람 사이에
교부되는 금전

채무불이행으로 인한 채무를 담보하기 위하여 특정 관계의 당사자가 교부하는
금전이 保證金이다. 부동산 거래에서 계약금이나 전세금이 보증금의 성격을
띤다.

保證人 보증인 Guarantor

한자 : 保 지킬 보 / 證 증명할 증 / 人 사람 인

직역 : 책임지고 증명하는 사람

풀이 : 주채무를 보증한 사람

保證人은 채무를 보증한 사람이다. 좁은 뜻으로는 주채무자가 채무를 이행하지
않는 경우에 그 채무를 대신 이행할 사람을 말하나, 넓은 뜻으로는 손해담보계
약·신원보증에 의한 보증인 또는 연대보증인 등도 포함하기도 한다.

保證契約 보증계약 a Contract of Suretyship

한자 : 保 지킬 보 / 證 증명할 증 / 契 맺을 계 / 約 맺을 약

직역 : 책임지고 증명하는 계약 / 契約 – 맺음

풀이 : 채무자가 빚을 갚지 못하면 대신 자기가 갚겠다는 내용으로 채권자와 맺는 계약

保證保險 보증보험 Surety Insurance

한자 : 保 지킬 보 / 證 증명할 증 / 保 지킬 보 / 險 험할/어려울 험

직역 : 책임지고 증명하는 보험 / 保險 – 위험이나 어려움에서 지켜 줌

풀이 : 매매 · 고용 · 도급 기타 계약에서 채무불이행에 의하여 채권자가 입게 되는 손해를
     전보(塡補)하는 보험

保證保險은 채무자를 보험계약자, 채권자를 피보험자로 하는 손해보험의 일종
이다. 보증보험은 성격상 손해보험 중 책임보험에 속하므로 이에 관하여는 책임
보험에 관한 상법의 규정이 적용된다. 우리나라에서 판매되고 있는 보증보험에
는 신원보증보험, 이행보증보험, 납세보증보험, 인 · 허가 보증보험, 지급계약보
증보험, 할부판매보증보험, 사채보증보험 등이 있다.

保證社債 보증사채 Guaranteed Bond

한자 : 保 지킬 보 / 證 증명할 증 / 社 모일 사 / 債 빚 채

직역 : 책임지고 증명하는 회사채 / 社債 −회사의 빚

풀이 : 사채 투자의 안전성을 높이기 위하여 원금상환 또는 이자지급 등에 대하여 발행회사
     이외의 제3자가 보증을 하고 있는 사채

保證社債는 보증자가 사채권자에 대하여 직접 보증계약을 하고 그 취지를 사채
권면에 기재하는 직접보증과, 보증자가 발행회사와 특별한 계약을 체결하여 일
괄보증을 하는 간접보증이 있다.

保證手票 보증수표 a Certified Check

한자 : 保 지킬 보 / 證 증명할 증 / 手 손 수 / 票 쪽지(어음,수표) 표

직역 : 책임지고 증명하는 수표 / 手標 − 자기 손으로 직접 자신을 나타내는 표시를 함.
     직접 발행하는 쪽지

풀이 : 지급이 보증되어 있는 수표

保證手票는 수표의 지불을 확실하게 하며 예금 부족으로 인한 지불 거절, 즉 부
도를 방지하기 위하여 만들었다. 요컨대 보증수표는 돈을 확실하게 받을 수 있는

수표이다. 수표를 지불은행에 제시하여 은행으로 하여금 수표표면에 지불보증의 뜻을 기재하고 날짜를 쓴 후 서명하도록 한다. 지불보증에 의해 지불인인 은행은 지불기일 내에 제시한 수표에 대해 반드시 지불할 의무를 져야 한다. 수표법상 수표의 지급인은 반드시 은행이어야 하므로 은행이 도산하기 전에는 부도수표가 되는 위험이 없다.

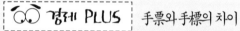 手票와 手標의 차이

手票 : 은행에 당좌 예금을 가진 사람이 소지인에게 일정한 금액을 줄 것을 은행 등에 위탁하는 유가 증권
手標 : 돈이나 물건 따위를 대차하거나 기탁할 때에 주고받는 증서

어음이란?
일정한 금액을 일정한 날짜와 장소에서 치를 것을 약속하거나 제삼자에게 그 지급을 위탁하는 유가 증권

附加價値
부 가 가 치

한자 : 附 붙을 부 / 加 더할 가 / 價 값 가 / 値 값 치

직역 : 붙어서 더한 가치 / 附加 - 붙여서 더함

풀이 : 개개의 기업 또는 산업이 생산과정에서 새로이 부가한 가치

附 는 阝+付다. 阝(阜)(언덕 부)가 뜻이고 付(줄 부)는 음이다. 付는 亻+寸이다. 앞에 있는 사람에게 손으로 무언가를 건네주는 것이지만 여기에서는 음요소로 사용되었다. 附는 '나지막한 언덕' 을 나타내는 글자였고, 나중에 '붙다', '가깝다' 라는 뜻을 가지게 되었다.

加 는 力+口다. 力(힘 력)과 口(입 구)가 모두 뜻이다. 力은 밭을 가는데 사용하는 가래다. 加는 밭을 갈고 있는 사람에게 더 힘을 내라고 힘주어 말하는 것이다.

價 는 본래 賈로 썼다. 賈(장사 고)는 亻+貝다. 襾(덮을 아)와 貝(조개 패)가 모두 뜻이다. 앉아서 물건을 잘 포장해 놓고 파는 장사다. 행상(行商), 좌고(坐賈)라는 말이 있다. 돌아다니면서 파는 '상'(商)과 앉아서 파는 '고'(賈)를 구분한 것이다. 賈가 '장사 고', '값 가' 의 두 가지 뜻과 음으로 사용되어 혼동을 일으키게 되었다. 이를 해결하기 위해 賈에 亻을 덧붙여 값이라는 뜻으로만 사용하는 價(값 가)를 만들었다.

値 는 亻+直이다. 亻(사람 인)이 뜻이고 直(곧을 직)은 음이다. 본뜻은 '사람을 만나다' 이다. 나중에 '값' 이라는 뜻으로 많이 사용되었다. 直은 置(둘 치)에서 볼 수 있듯이 음요소로 사용되었다.

附加價值는 생산물의 총가치로부터 그 생산에 소요된 비용을 공제한 것이다. 즉 새로 부가된 가치를 말한다. 산업에 있어서 노동이나 자본이 투입되어 가치가 증가한 부분이 부가가치가 된다. 또한 생산액에서 사용액에 대한 부가가치의 비율을 부가가치율이라고 한다.

다음은 부가가치와 관련된 용어이다.

附加價值稅 부가가치세 VAT : Valued Added Tax

한자 : 附 붙을 부 / 加 더할 가 / 價 값 가 / 值 값 치 / 稅 세금 세

직역 : 덧붙인 가치에 매긴 세금 / 稅 - 구실. 세금

풀이 : 생산 및 유통과정의 각 단계에서 창출되는 부가가치에 대하여 부과되는 조세

영업세나 물품세처럼 기업이 판매한 금액 전액에 대해 과세하는 것이 아니라 판매금액에서 매입금액을 공제한 나머지 금액인 '부가가치' 에다 부가가치 세율을 곱하여 산출한다. 유럽에서는 1960년대부터 실시하고 있으며 우리나라는 77년부터 실시하기 시작했다.

稅, 稅金

세, 세 금

한자 : 稅 세금 세 / 金 쇠 금

직역 : 세금. 세금으로 매기는 돈

풀이 : 국가 또는 지방 공공 단체가 필요한 경비로 사용하기 위하여 국민이나 주민으로부터 강제로 거두어들이는 금전. 국세와 지방세가 있음

稅 는 禾+兌이다. 禾(벼 화)가 뜻이고 兌(바꿀 태)는 음이다. 농사를 짓고 수확한 벼의 일부분을 관청에 내는 것이다. '세금', '구실'이다. 兌는 說(달랠 세), 稅(씻을 세), 稅(수의 세) 등에서 볼 수 있듯이 음요소로 사용되었다.

金 은 圡+今이다. 圡은 흙(土 흙 토) 속에 금(ㆍ)이 있는 모양으로 뜻이고, 今(이제 금)은 음이다. 金은 흙 속에 묻혀있지만 반짝반짝 빛이 나는 황금이다. 쇠라는 뜻도 있다. 금은 예나 지금이나 화폐로서의 기능을 가지고 있다. 그래서 金에는 돈이라는 뜻도 있다. 資金(자금), 金錢(금전), 金融(금융)이 모두 '돈'과 관련이 있다.

稅金은 강제력을 가진다. 경제활동이 있는 곳에는 반드시 세금이 매겨진다. 인간의 모든 활동이 경제활동이라고 할 수 있으므로, 현대사회에서 세금이 과세되지 않는 분야를 찾는 것은 힘들다. 그러나 경제활성화나 정책적 목적 때문에 세금을 폐지하거나 감세하는 경우가 있다.

다음은 稅金과 관련된 용어이다.

金融所得綜合課稅 금융소득종합과세

한자 : 金 쇠 금 / 融 녹을/통할 융 / 所 바 소 / 得 얻을 득 / 綜 모을 종 / 合 합할 합 /

課 매길 과 / 稅 세금 세

직역 : 금융으로 발생한 소득을 종합해서 매기는 세금.

綜合 – 한데 모아 합함. 課稅 – 세금을 매김

풀이 : 이자소득과 배당소득의 금융소득을 종합소득에 합산하여 과세하는 제도

일률적인 원천징수세율로 분리 과세해 오던 금융소득(이자소득+배당소득)을 부부 합산하여 연간 금융소득이 4천만 원을 초과할 경우 그 초과분에 대해 다른 소득 (부동산, 사업, 근로, 기타소득)과 합산해서 과세하는 것을 말한다. 일종의 누진세로 소득이 보다 높은 사람에게 많은 세금을 거두어서 부의 재분배를 촉진하기 위한 목적이다.

富裕稅 부유세

한자 : 富 부유할 부 / 裕 넉넉할 유 / 稅 세금 세

직역 : 부자에게 매긴 세금

풀이 : 소득이나 보유 자산이 일정액 이상인 부자들에게 기존의 재산세나 소득세 외에

별도로 부과하는 세금

우리나라에는 아직 도입하지 않았다. 프랑스에서는 '사회 연대세' 라는 이름으로 부과한다. 부동산과 주식 등의 순자산이 76만 유로(약 10억원) 이상인 사람은 매 년 재산액 단계별로 0.55~1.8%의 사회연대세를 별도로 내야 한다.

會社, 社

회 사, 사

한자 : 會 모일 회 / 社 모일 사

직역 : 모임. 단체

풀이 : 상행위 또는 그 밖의 영리 행위를 목적으로 하는 사단 법인

會 는 뚜껑(亼)이 있는 그릇(日)에 고기(灬)가 담겨 있는 모양이다. 제사를 지내기 위한 모임을 위해 고안된 글자이다. '모이다', '모으다' 라는 뜻으로 사용된다. 혹은 제사보다는 고기(灬)에 주목하여 '날고기' 가 본뜻이라는 설명도 있다. 이 경우에는 '모이다' 가 파생의이며 본뜻을 위해서 月(肉)을 덧붙여 膾(회 회)를 따로 만든 것이 된다.

社 는 示+土이다. 示(보일 시)와 土(흙 토)가 모두 뜻이다. 示는 제단의 모양을 본뜬 글자이다. 제사는 신의 뜻을 보여 달라는 의식이다. 示가 들어있는 한자는 대체로 '제사', '귀신' 등과 관련된 뜻을 가진다. 社는 토지신을 위한 제사이다. 사람들이 많이 모이기 때문에 '모이다' 라는 뜻으로 파생되었다.

단어의 뒤에 社가 붙으면, 단체나 회사를 가리킨다. 다음은 會社와 관련된 용어이다.

株式會社 주식회사 Company Limited by Shares

한자 : 株 그루/주식 주 / 式 법 식 / 會 모일 회 / 社 모일 사

직역 : 주식으로 세운 회사 / 株式 – 주식이라는 제도

풀이 : 유한책임의 주주(株主)로 구성되는 물적회사(物的會社)

株式會社는 주주가 모여서 이루어진 회사이다. 주식회사의 자본금은 주식으로 분할되어 있다. 주식을 표시한 株券(주권)은 有價證券(유가증권)으로서 자유로이 매매·양도된다. 주식을 소유하는 사람을 株主(주주)라고 한다. 주식회사에는 의결 기관인 주주 총회, 집행 및 대표기관인 이사회와 대표 이사, 회계 감사 기관인 감사 등 대표적 세 기관이 있다.

合名會社 합명회사 Offene Handelsgesellschaft

한자 : 合 합할 합 / 名 이름 명 / 會 모일 회 / 社 모일 사

직역 : 이름을 함께 써서 만든 회사 / 合名 – 이름을 함께 씀

풀이 : 2인 이상의 無限責任社員(무한책임사원)만으로 구성되는 人的會社(인적회사)

회사 대표권 및 업무집행권이 원칙적으로 사원에게 있다. 따라서 사원은 회사의 채무를 연대하여 변제할 무한책임을 지게 된다. 사원은 회사의 업무를 집행하고 회사를 대표하는 권한을 가진다. 사원 출자는 현물출자 외에 노무출자가 인정된다. 그리고 각 사원은 所持分(소지분)을 가지며 그 양도는 타사원의 승인이 필요하다.

合資會社 합자회사 Limited Partnership

한자 : 合 합할 합 / 資 재물 자 / 會 모일 회 / 社 모일 사

직역 : 재물을 합하여 만든 회사 / 合資 – 재물을 합함

풀이 : 무한책임사원과 유한책임사원으로 구성되는 회사

合資會社는 두 사람 이상이 자본을 대서 만든 회사로, 무한 책임사원은 회사의

경영을 담당하고 유한 책임사원은 자본만 제공할 뿐 업무 집행의 권한은 없고 이익 배당에만 참가한다. 출자분의 양도는 유한 책임 사원이라도 무한책임사원의 승인을 얻어야 한다.

持株會社 지주회사 Holding Company

한자 : 持 가질 지 / 株 그루/주식 주 / 會 모일 회 / 社 모일 사

직역 : 주식을 가진 회사 / 持株 – 주식을 가짐. 가지고 있는 주식

풀이 : 다른 회사의 주식을 보유함으로써 그 회사를 독점적으로 지배하는 회사

持株會社는 다른 회사의 주식을 전부 또는 지배 가능한 한도까지 소유하고, 이를 자사의 주식으로 代位(대위)시켜 기업 활동에 의하지 않고 독점적으로 지배하는 회사이다. 지배하는 회사를 母會社(모회사) 또는 투자회사, 지배를 받는 회사를 子會社(자회사)라고 한다. 타 기업의 주식을 보유함으로써 그 기업을 지배 또는 관리하는 것을 유일한 업무로 하는 경우와 직접 어떤 사업을 하면서 타 기업의 주식을 보유함으로써 지배 또는 관리하는 경우로 나뉜다.

문방사우(文房四友)

한자 : 文 글 문 / 房 방 방 / 四 넉 사 / 友 벗 우

직역 : 글방의 네 벗

풀이 : 글을 가까이 하는 사람에게 마치 벗과 같이 오래도록 같이하며 정을 나누며 함께
하는 네가지 도구를 의인화하여 이른 말. 종이, 붓, 벼루, 먹을 일컫는 말.

종이(紙)

종이는 중국 후한시대(104년)에 채륜이라는 사람이 발명하였다. 서화에 쓰는 좋은 종이는
표면이 매끄럽고 앞면과 뒷면의 분이 좋아야 하며 흡수가 잘 되고 번지지 않으며 색이
선명하고 먹빛이 오래도록 변치 않아야 좋은 종이다.

붓(筆)

붓은 주로 동물의 털을 재료로 하여 만드는데 첨(尖), 제(齊), 원(圓), 건(健)의 네 가지 덕을
갖추어야 좋은 붓이다. 즉 날카롭게 서고 흐트러지지 않으며, 부드럽고 탄력이 있어야
좋은 붓이다.

벼루(硯)

선사시대 유물에서도 그 흔적을 볼 수 있을만큼 오랜 기원을 가진 벼루는 우선 먹이 잘
갈리고 발색이 좋은 것을 좋은 벼루로 친다.

먹(墨)

좋은 먹은 부피에 비해 가벼운 것이 좋으며 표면이 매끄럽고 결이 고우며 윤기가 나는
것이 좋다. 광택은 침착하고 그윽한 것이 좋다.

債
채

債는 亻+責이다. 본래는 責(꾸짖을 책)으로 썼다. 責은 朿+貝이다. 朿(가시 자)는 뜻·음이고, 貝(조개 패)는 뜻이다. 責이 빚이라는 뜻보다 '꾸짖다', '책임'이라는 뜻으로 더 많이 쓰이게 되자 나중에 亻을 덧붙여 債(빚 채)를 만든 것이다.

단어의 뒤에 債가 덧붙으면 '~빚' '갚아야 할 것'이라는 의미를 가진다. 주로 債 앞에 붙는 기관이 '채'를 발행하는 곳이다. 국가에서 발행하면 國債, 기업이 발행하면 社債, 개인이 발행하면 私債이다. 빚이므로 언젠가는 이자를 쳐서 갚아야 한다. 따라서 투자가들은 배당이익을 노리고 우량한 채권에 투자하는 것이다.

다음은 債와 관련된 용어이다.

國債 국채 National Loan

한자 : 國 나라 국 / 債 빚 채

직역 : 나랏빚. 국가가 국가의 신용으로 설정하는 빚

풀이 : 국가가 재정상의 필요에 따라 국가의 신용으로 설정하는 금전상의 채무. 또는 그것을 표시하는 채권

國債는 나라가 발행하는 일종의 빚이다. 나라 안에서 발행하고 모집하면 內國債(내국채)이고, 외국 자본 시장에서 모집하면 외국채, 즉 外債(외채)이다. 외채는 외

국 화폐로 표시되고 원금과 이자도 외국 화폐로 치른다.

國債는 公債(공채)에 속한다. 공채는 국가나 지방 자치 단체가 발행하는 채권이다. 국가의 것을 국채, 지방 자치 단체의 것을 지방채라고 한다.

공채와 대비되는 개념이 社債(사채)이다. 사채는 주식회사가 일반 사람들에게 채권이라는 유가 증권을 발행하여 사업에 필요한 자금을 조달하는 채무이다. 증권 발행의 형식에 따라 원금의 상환 기한과 이자의 지불 따위가 약속된다.

公債 공채 Public Debt

한자 : 公 공평할 공 / 債 빚 채

직역 : 공공의 빚

풀이 : 국가 또는 지방자치단체가 재원조달을 목적으로 하는 채무

公債는 이자율과 상환기간을 필수조건으로 하는 증권의 하나다. 公債는 넓은 의미에서는 정부의 금전적 채무 전부를 말하지만, 좁은 의미에서는 재원조달을 목적으로 하는 財政公債(재정공채)만을 뜻한다. 통상적으로는 좁은 의미로서 國債(국채)와 같은 개념으로 사용한다.

공채는 중요한 재정수입원인 동시에 금융효과 · 재정효과 · 자원배분 · 소득분배 · 경제안정 등의 효과를 가진다.

공채는 재정수입을 목적으로 한다는 점에서는 조세와 같다. 그러나 공채는 시중 자금을 탄력적으로 흡수하므로 소비를 해치지 않으나 조세는 강제적으로 흡수하므로 소비를 위축시킨다. 공채는 원금의 상환과 이자의 지급이 따르므로 재원조달 시 저항이 낮거나 없다. 반면 조세는 반대급부 없이 이루어지므로 국민의 저항이 크다.

地方債 지방채 Municipal Bond / Local Debt

한자 : 地 땅 지 / 方 모 방 / 債 빚 채

직역 : 지방의 빚

풀이 : 지방자치단체에서 발행하는 채권

地方債는 공채의 하나로, 지방자치단체가 공공의 목적을 위해 재정상의 필요에 따라 발행하는 채권이다. 발행기관은 특별시·광역시·도 등 광역자치단체와 시·군 등 기초자치단체이다. 국채보다 신용이 낮으므로 유동성도 낮은 편이다.

外債 외채 Foreign Bond

한자 : 外 바깥 외 / 債 빚 채

직역 : 바깥에 진 빚

풀이 : 외국의 자본 시장에서 모집하는 자기 나라의 공채와 사채

外債는 국내에서 발행되는 내국채에 대비되는 개념으로, 장기자금의 조달을 위해 외국에서 발행되는 국채·정부보증채·社債(사채) 등의 유가증권을 말한다. 외국채라고도 한다.

우리나라에서는 주로 산업은행과 외환은행에서 외채를 발행하고 있다.

社債 사채 Corporate Bond

한자 : 社 모일 사 / 債 빚 채

직역 : 회사의 빚

풀이 : 주식회사가 일반 대중에게 자금을 모집하려고 집단적·대량적으로 발행하는 채권

동음이의어 : 私債(사채) : 사인(私人:개인 자격으로서의 사람) 사이에 지는 빚

社債는 주식회사가 일반에게 유가증권을 발행하여 사업에 필요한 자금을 조달하는 채무이다. 會社債(회사채)라고도 한다. 증권 발행의 형식에 따라 원금의 상

환 기한과 이자의 지불 따위가 약속되며 무담보 사채와 담보 사채, 무기명 사채와 기명 사채로 분류된다. 社債는 재산을 행사할 권리가 법적으로 보장되어 주식과 더불어 증권시장에서 활발히 매매된다. 사채발행액은 자기자본의 일정한도를 넘지 못하도록 법으로 정해져 있다. 사채발행은 발행회사가 직접하거나 금융권과 같은 인수업자에게 위탁한다. 인수업자 모임을 인수단(引受團)이라 한다. 한국에서는 공개모집 방법을 택하고 있다.

기업입장에서 본다면 사채와 주식의 차이점은 다음과 같다.

주식 값은 이자율 외에 예상수익에 큰 영향을 받는 대신, 사채의 가격은 주로 이자율에 의해 결정되므로 불확신 요인이 적다. 사채에 대한 이자는 세금을 내지 않지만, 주식에 대한 배당에는 세금이 부과된다. 주식은 원금을 갚을 의무도 없고 실적이 나쁘면 배당하지 않아도 된다. 사채는 증권시세에 구애받지 않고 일정한 이자만 제 때에 갚으면 된다.

轉換社債 전환사채 CB : Convertible Bond

한자 : 轉 구를 전 / 換 바꿀 환 / 社 모일 사 / 債 빚 채

직역 : 굴려서 바꿀 수 있는 회사채 / 轉換 – 굴려서 바꿈

풀이 : 채권이지만 일정한 시기에 정해진 가격으로 주식으로 전환할 수 있는 채권

轉換社債는 일정한 조건 아래에서 발행회사의 일반주식으로 전환할 수 있는 社債(사채)이다. 잠재적인 주식의 성격을 띠고 있어서 회사의 자금 조달을 쉽게 하며, 투자자에게는 수익성과 기업에의 참가 가능성이라는 두 가지 이점을 부여함으로써 투자 誘引(유인)을 제공한다.

保證社債 보증사채 Guaranteed Bond

한자 : 保 지킬 보 / 證 증명할 증 / 社 모일 사 / 債 빚 채

직역 : 보증된 회사채 / 保證 – 책임지고 증명함. 社債 – 회사의 빚

풀이 : 사채 투자의 안전성을 높이기 위하여 원금상환 또는 이자지급 등에 대하여 발행회사
　　　이외의 제3자가 보증을 하고 있는 사채

無保證社債 무보증사채 Non Guaranteed Bond

한자 : 無 없을 무 / 保 지킬 보 / 證 증명할 증 / 社 모일 사 / 債 빚 채

직역 : 보증이 없는 회사채

풀이 : 제 3자의 보증이나 담보 없이 기업신용에 의해 발행하는 회사채

無保證社債는 기업이 원리금 상환 및 이자 지급을 제3자의 보증이나 물적담보
없이 신용에 의해 발행하는 회사채이다. 이자율이 높고 단기인 것이 특징이다.

債權 채권

한자 : 債 빚 채 / 權 권세 권

직역 : 빚을 받을 권리

풀이 : 재산권의 하나로, 특정인이 다른 특정인에게 어떤 행위를 청구할 수 있는 권리

동음이의어 : 債券(채권 Bond) – 국가, 지방 자치 단체, 은행, 회사 따위가 사업에 필요한
　　　　　　자금을 차입하기 위하여 발행하는 유가증권. 공채, 국채, 사채, 지방채 따위

債權者 채권자

한자 : 債 빚 채 / 權 권세 권 / 者 사람 자

직역 : 빚을 받을 권리를 가진 사람

풀이 : 특정인에게 일정한 빚을 받아낼 권리를 가진 사람

債務者 채무자

한자 : 債 빚 채 / 務 힘쓸 무 / 者 사람 자

직역 : 빚을 갚는 일을 하는 자

풀이 : 특정인에게 일정한 빚을 갚아야 할 의무를 가진 사람

債權讓渡 채권양도 Assignment of an Obligation

한자 : 債 빚 채 / 權 권세 권 / 讓 사양할 양 / 渡 건널 도

직역 : 빚을 받을 권리를 사양하여 건네 줌. **讓渡** – 사양하여 건네 줌

풀이 : 채권의 이전을 목적으로 하는 구채권자와 신채권자 간의 계약

債權讓渡는 채권을 효력을 변경시키지 아니하고 신채권자에게 건네주는 것이다.

負債 부채 Liabilities

한자 : 負 질 부 / 債 빚 채

직역 : 빚을 짐. 진 빚

풀이 : 재화나 용역의 차입(借入)을 전제로 부담한 금전상의 상환의무

회계학상으로는 보다 넓은 의미로 쓰이지만, 일반적으로 債務(채무)와 비슷한 의미로 쓰인다.

기업이 외상구매, 금전차입, 전력이나 용수에 대한 미지불, 임금체불 시에 발생한다.

總負債償還比率 총부채상환비율 DTI : Debt-to-Income

한자 : 總 거느릴/다 총 / 負 질 부 / 債 빚 채 / 償 갚을 상 / 還 돌아올 환 / 比 견줄 비 / 率 율 률

직역 : 모든 빚을 갚는 비율

풀이 : 금융부채 상환능력을 소득으로 따져서 대출한도를 정하는 계산비율

總負債相換比率은 대출자의 소득과 대출기간에 따라 대출금액을 제한하는 제도로, 대출상환액이 소득의 일정 비율을 넘지 않도록 제한하기 위해 실시한다. 총 소득에서 부채의 연간 원리금 상환액이 차지하는 비율로 대출자의 상환능력을 검증하는 시스템의 일종이다.

소득이 많고 대출기간이 길수록 대출금액이 늘어난다. 현재 정부는 투기지역 내 6억 원 초과 주택에 대해 DTI를 40% 이내로 제한하고 있다. 예컨대 연 소득 5,000만 원의 회사원은 연 원리금 상한선이 2,000만 원으로 제한되고, 만기 15년으로 빌릴 경우 최대 2억 원까지 빌릴 수 있다.

換
환

직역 : 換 – 바꿈. 교환

풀이 : 換 – ① 멀리 있는 채권자에게 현금 대신에 어음, 수표, 증서 따위를 보내어

결제하는 방식 ex)우편환 · 은행환 · 전신환 · 내국환 · 외국환 ② 돈표(현금으로 바꿀

수 있는 표) ex) 수표, 어음 ③ 환어음을 매매하거나 할인함 ④ 환전

換은 扌+奐이다. 扌(手)(손 수)가 뜻이고 奐(빛날 환)은 음이다. 손에 물건을 들고 서로 바꾸는 모습을 표현한 것이다. 멀리 떨어져 있는 사람에게 돈을 보낼 때 어음이나 수표로 송금하는 방법을 '환'이라고 한다. 換錢(환전)의 줄임말이다.

換은 서로 다른 것끼리 바꾸는 것이다. 구체적으로는 현금으로 바꿀 수 있는 수표나 어음과 같은 돈표를 가리키기도 하며, 현금 대신 결제하는 방식, 환전 등을 두루 포함하는 개념이다. 특히 경제에서는 외화의 교환에 사용한다.

환포지션 Exchange Position

풀이 : 외화채권의 재고량

환율에 의하여 매매거래를 한 뒤 파악하는 외화채권의 재고량을 말한다. 기업이나 은행의 환위험관리에 중요한 기준이 된다.

換差損 환차손

한자 : 換 바꿀 환 / 差 어긋날 차 / 損 덜 손

직역 : 환의 차이로 생긴 손해

풀이 : 환율 변동으로 인하여 발생하는 손해

환율이 오르면 수입분야는 손해를 보고, 환율이 내리면 수출분야에서 손해를 입는다.

換投機 환투기 Exchange Speculation

한자 : 換 바꿀 환 / 投 던질 투 / 機 틀/때/실마리 기

직역 : 환에 투기함 / 投機 - 기회를 틈타 던짐

풀이 : 외국환 시세에 대한 기대심리가 작용하여 금리차익 또는 환차익을 목적으로 행하는 외국환매매

換投機에서는 환율상승이 예상되면 외국환을 매입하고 하락이 예상되면 매각이 이루어진다. 환투기는 환율에 교란을 일으킬 수도 있고, 투기 대상국의 통화를 조작할 수도 있으므로 최근에는 각 나라의 중앙은행이 이를 방지하기 위해 선물환시장에 직접 개입하거나 국제적 협조를 얻는 등의 방법을 취하고 있다.

換價料 환가료 Exchange Commission

한자 : 換 바꿀 환 / 價 값 가 / 料 헤아릴/요금 료

직역 : 환에 대한 요금 / 換價 - 바꾸는 값. 값으로 바꿈

풀이 : 환을 발행하는 데 드는 수수료

換價料는 외국환은행이 대고객 외국환거래에 따르는 자금부담을 보상받기 위하여 징수하는 여신금리적 성격의 수수료이다. 외국환은행이 환어음을 매입하는 경우 고객에게는 어음금액을 즉시 지급하지만, 매입한 어음을 상환받을 때까지

는 시일이 소요된다. 그래서 선지급과 후결제 사이에 매입은행이 부담하는 어음 금액에 대한 이자와 환차손을 고객으로부터 받게 되는데 이를 換價料(환가료)라고 한다.

경제 PLUS 경조사 봉투, 이렇게 쓰세요

결혼, 약혼	追慕(추모)	개업, 개원
祝 結婚(축 결혼)		祝 發展(축 발전)
祝 華婚(축 화혼)	**출산, 생일**	祝 開業(축 개업)
祝 聖婚(축 성혼)	祝 出産(축 출산)	祝 繁榮(축 번영)
祝 約婚(축 약혼)	祝 順産(축 순산)	祝 移轉(축 이전)
	祝 生日(축 생일)	祝 開院(축 개원)
회갑, 고희	祝 生辰(축 생신)	
祝 壽筵(축 수연)		**입학, 졸업**
祝 回甲(축 회갑)	**병문안**	祝 入學(축 입학)
祝 禧筵(축 희연)	祈 快遊(기 쾌유)	祝 卒業(축 졸업)
祝 古稀(축 고희)	祈 完快(기 완쾌)	祝 合格(축 합격)
	祝 完快(축 완쾌)	
상가, 조문	빠른 快癒를 빕니다	**승진, 취임**
賻儀(부의)		祝 昇進(축 승진)
謹弔(근조)		祝 榮轉(축 영전)
弔儀(조의)		祝 就任(축 취임)

借
차

借 는 亻+昔이다. 亻(사람 인)이 뜻이고 昔(옛 석)은 음이다. 다른 사람에게 물건을 빌리는 것을 나타냈다. 昔은 홍수가 나던 그 옛날의 어느 날이라는 뜻이다. 홍수의 기억으로 옛날을 나타냈다. 음이 많이 변했지만, 嗟(탄식할 차), 褚(납향 자)에서도 昔이 음요소로 사용된 예를 찾을 수 있다.

다음은 '빌려오다' 란는 뜻을 가진 借와 관련된 용어이다.

借用 차용

한자 : 借 빌릴 차 / 用 쓸 용

직역 : 빌려서 씀

풀이 : 돈이나 물건 따위를 빌려서 씀

借用人 차용인

한자 : 借 빌릴 차 / 用 쓸 용 / 人 사람 인

직역 : 빌려 쓴 사람

풀이 : 남의 돈이나 물건을 빌려 쓴 사람

借用金 차용금

한자 : 借 빌릴 차 / 用 쓸 용 / 金 쇠 금

직역 : 빌려 쓴 돈

풀이 : 빌려 쓴 돈

借用證書 차용증서

한자 : 借 빌릴 **차** / 用 쓸 **용** / 證 증명할 **증** / 書 글 **서**

직역 : 빌려 쓰는 것을 증명하는 서류 / 證書 – 증명하는 글

풀이 : 남의 돈이나 물건을 빌린 것을 증명하는 문서

借額 차액

한자 : 借 빌릴 **차** / 額 이마/머릿수 **액**

직역 : 빌린 액수

풀이 : 남에게서 꾸어 온 돈의 액수

상업상의 의미로는 原價(원가)와 賣價(매가)와의 차액인 이윤을 말한다. 은행에서는 담보물의 時價(시가)와 대부금과의 차액 또는 대부 이자와 자금 코스트와의 차액을 말한다.

貸
대

 는 代+貝이다. 代(대신할 대)가 음이고 貝(조개 패)가 뜻이다. 돈을 빌리는 것을 나타냈다. 代는 사람 대신 세워놓은 '말뚝', '주살' 이다.

貸出 대출

한자 : 貸 빌릴 대 / 出 날 출

직역 : 빌려 줌

풀이 : 돈이나 물건 따위를 빌려 줌

貸出은 금융기관에서 외부에 자금을 공급하는 한 형식이다. 대출은 유가증권투자와 함께 은행이 신용을 공여하는 일, 즉 與信業務(여신업무)의 주종을 이루는 것이다.

貸付 대부

한자 : 貸 빌릴 대 / 付 줄 부

직역 : 빌려 줌

풀이 : 주로 은행 따위의 금융 기관에서 이자와 기한을 정하고 돈을 꾸어 줌

貸付는 금융기관에서 외부에 자금을 공급하는 한 형식으로, 대출과 비슷한 개념으로 사용되지만 엄밀하게는 貸付는 貸出의 한 형태인 어음대부와 증서대부를 일컫는다.

어음대부는 상품거래 없이 돈을 빌리기 위한 목적으로 어음이 발행된다. 그러므로 회수불능의 위험성이 높기 때문에 담보를 설정하는 경우가 많다. 증서대부는 債權(채권)의 증거로 어음 대신 借用證書(차용증서)를 받는다는 점이 어음대부와 다르다.

한자는 어떻게 만들어졌을까?

위에서 잡는 두 손 ⇨ 양손내려깍지낄 국	
움켜잡는 손 ⇨ 손톱 조	
오른 손 ⇨ 오른 우, 또 우	
왼 손 ⇨ 왼 좌, 왼손 철	
받드는 두 손 ⇨ 받들 공	

手는 손모양을 본떠 만든 글자이다. 고대의 자형이 잘 보존되어 지금도 손가락 다섯을 셀 수 있다. 문명은 손을 자유롭게 사용하면서 마법처럼 발전했다. 이런 까닭 때문인지 한자에서 손은 매우 다양한 형태로 나타난다. 글자의 왼쪽에 오면 扌, 위에 있으면 彐, 아래에 있으면 廾, 六, 물건을 움켜쥐면 爪의 형태로 변신하는 식이다. 글자에 손을 넣어서 손짓, 행위와 관련된 뜻을 만들었다. 한 예로 與(줄 여)는 복잡한 자형에 비해, 위아래가 모두 손으로 구성된 매우 단순한 글자이다. 가운데 与는 물건의 모양이다. 두 사람이 물건을 손으로 주고받는 것을 표현한 것이다.

先 物
선 물

한자 : 先 먼저 **선** / 物 물건 **물**

직역 : 미래의 물건

풀이 : 장래의 일정한 시기에 현품을 넘겨준다는 조건으로 매매 계약을 하는 거래 종목

先은 㞢+儿이다. 㞢(止)(그칠 지)와 儿(어진사람 인)이 모두 뜻이다. 㞢는 발자국 모양이고 儿은 '걷는 사람'이다. 남보다 한 발짝 앞서 걷는 것을 표현했다.

物은 牛+勿이다. 牛(소 우)와 勿(말 물)이 모두 뜻이다. 勿은 '피가 묻어 있는 칼'이다. '죽이다'가 본뜻이었고 '금지'를 나타내는 말로도 사용되었다. 物은 제물로 바치기 위해 칼로 벤 소다. 나중에 일반적인 물건으로 의미가 확대되었다.

실재하지 않으나 앞으로 실재할 수 있는 상품을 가리키는 先物은 매매계약 성립 시에 이미 존재하는 상품인 現物(현물)과 대응하는 개념이다. 즉 先物은 미래 시점의 상품인 것이다.

다음은 先物과 관련된 경제용어이다.

先物換 선물환 Forward Exchange

한자 : 先 먼저 선 / 物 물건 물 / 換 바꿀 환

직역 : 선물의 환

풀이 : 장래의 일정기일 또는 일정기간 내에 일정액의 외국환을 일정한 환시세로 매매할
것을 미리 약속한 외국환

先物換(선물환)은 現物換(현물환)과 대비되는 개념으로, 인수·인도의 시기, 외
화의 종류, 금액, 환시세 따위의 거래 조건을 미리 정해 놓은 외국환이다. 기간은
보통 6개월로 환시세 변동에 따른 위험을 피하기 위해서나 투기용으로 이용된다.
선물환 거래에 사용되는 환시세를 선물환시세 또는 선물시세라고 한다.

先物去來 선물거래

한자 : 先 먼저 선 / 物 물건 물 / 去 갈 거 / 來 올 래

직역 : 선물의 거래

풀이 : 주식이나 상품, 주가지수 등을 미래의 일정한 시기에 특정한 가격으로
사고팔기로 약속하는 거래

先物去來는 상품거래소에서 행해지는 거래방법으로 장래의 일정기일에 현품의
受渡(수도)를 하거나, 그 기일까지 반대매매로 결제할 것을 약속하는 거래이다.
예컨대 갑이 을로부터 A기업 주식 1,000주를 10일 후 주당 10만원에 사기로 약
속하는 식이다. 적은 증거금으로 큰 금액을 거래할 수 있어, 크게 돈을 벌 수도 있
지만 반대로 크게 손해 볼 우려도 있어 투기성이 강하다.

現物去來 현물거래＝實物去來 실물거래

한자 : 現 나타날 / 지금 현 / 物 물건 물 / 去 갈 거 / 來 올 래 / 實 참 실

직역 : 현물의 거래 / 現物 – 현재 있는 물건. 實物 – 실재하는 물건

풀이 : 현실로 존재하는 상품의 매매를 목적으로 하는 거래

現物去來는 매매계약상의 인도시기 · 인도장소 · 인도방법에 관한 약정에 따라 상품이 인도된다. 편의상 장소는 가격조건에서, 방법은 대금결제조건에서 정해지는 경우가 많다. 매매계약과 거의 동시에 상품을 수도하는 것을 즉시인도라 하며, 소매거래의 대부분은 이 방식에 의한다.

競賣買 경매매 Competition Bidding

한자 : 競 다툴 경 / 賣 팔 매 / 買 살 매

직역 : 다투어서 팔고 삼 / 競 – 다툼. 경쟁함

풀이 : 상품매매 방법에 있어서 쌍방이 모두 복수인 경우의 경쟁매매

증권시장에서 매도와 매수 상호간에, 또는 매도끼리나 매수끼리 서로 경쟁하여 매매가 이루어지는 경우를 競賣買(경매매)라고 한다. 수량과 가격을 경합시켜 결정된 단일가격으로 전체 매매를 성립시킴으로써 다량의 수급을 이상적으로 결합시키는 효과가 있다. 가격의 평준화와 수급의 균형을 꾀하는 데 본래의 목적이 있다.

反對賣買 반대매매 Liquidation

한자 : 反 거스를 반 / 對 대할 대 / 賣 팔 매 / 買 살 매

직역 : 팔고 사는 것을 반대로 함 / 反對 – 반하여 대함. 반하여 맞섬

풀이 : 매매 계약한 상품을 다시 사거나 파는 일

선물거래나 신용거래를 결제하기 위하여 空賣渡(공매도)한 경우에는 還買(환매)하고, 공매수한 경우에는 轉賣(전매)하여 전과 반대로 매매하는 것을 말한다.

空賣渡 공매도

한자 : 空 빌 공 / 賣 팔 매 / 渡 건넬 도

직역 : 공으로 팔아 넘김

풀이 : 주가 하락에서 생기는 차익금을 노리고 실물 없이 주식을 파는 행위

轉賣 전매

한자 : 轉 구를/바꿀 전 / 賣 팔 매

직역 : 굴려서 팜

풀이 : 샀던 물건을 도로 다른 사람에게 팔아넘김

定期去來 정기거래 Time Transaction

한자 : 定 정할 정 / 期 때 기 / 去 갈 거 / 來 올 래

직역 : 때를 정해서 거래함 / 定期 – 때를 정함. 정한 기간.

풀이 : 受渡(수도)기일이 정기적으로 도래하도록 정해놓고, 그 동안의 거래는 수도일에
결제를 하거나 도중에 반대매매로써 差金(차금)결제도 할 수 있는 매매거래

定期去來는 선물거래의 일종으로, 미래의 일정한 날을 수도일로 정한 매매계약을 체결하고, 그 기일이 도래하기까지 전매 또는 환매에 의한 차금결제가 인정되는 거래방법이다. 보통은 계약일로부터 6개월 이내의 각 월말을 기일로 하여 거래하므로 限月(한월)거래라고도 한다.

當限 당한 Current Month Delivery

한자 : 當 당할 당 / 限 한정 한

직역 : 기한이 닥침. 닥친 기한

풀이 : 受渡日(수도일)이 매매약정이 이루어진 달의 말일인 청산거래

當限은 當月(당월:그 달)에 한한다(限)는 뜻의 當月限의 줄임말로, 장기청산거래에서 결제 기일이 매매 계약을 한 그달의 말일인 거래를 말한다.

先限 선한

한자 : 先 먼저 선 / 限 한정 한

직역 : 한정을 앞에 둠

풀이 : 3개월제의 청산 거래에서 주식을 매매 계약 한 뒤, 다음 월말에 인수·인도하는 일

정기거래에서 受渡(수도)의 기일을 미래의 일정한 월말로 하고 있으며 당월말 결제분을 當限(당한), 그 다음 월말의 것을 先限(선한)이라고 한다.

約 款
약 관

한자 : 約 맺을 약 / 款 항목 관

직역 : 약속한 항목

풀이 : 계약의 당사자가 다수의 상대편과 계약을 체결하기 위하여 일정한 형식에 의하여
계약의 내용을 미리 정하여 놓은 계약 조항

約 은 糸+勺이다. 糸(실 사)는 뜻이고 勺(구기 작)은 음이다. '실로 묶다'
가 본뜻이고 '맺다', '약속', '검소하다' 라는 뜻이 나중에 생겼다.

款 은 彖+欠이다. 彖(祟)(빌미 수)와 欠(하품 흠)이 모두 뜻이다. 款의 자원
(字源)에 대해서는 속시원한 정설이 없다. 정관(定款), 약관(約款), 차
관(借款) 등에서 사용 예가 보인다.

約款은 계약에서 정한 하나하나의 항목으로 대량거래의 발달에 따라 제도화
된 것이다. 보통 많은 고객을 대상으로 상품이나 용역을 제공하는 사업자가
거래에 대비해 미리 계약 내용을 정해 놓은 것이 약관이다. 사업자가 미리 항
목을 정하기 때문에 사업자에게 유리할 가능성이 크다. 그래서 우리나라는
불공정한 약관을 법률로서 규제하고 있다. 사업자는 고객에게 약관의 중요한
내용을 이해할 수 있도록 설명할 의무를 지니며, 약관의 뜻이 명백하지 않은
경우에는 고객에게 유리하도록 해석되고, 면책조항 · 손해배상 · 계약해제 ·
채무이행 및 고객의 권익보호에 있어서 불공정한 조항은 무효로 하도록 규정
하고 있다.

預 金
예 금

한자 : 預 미리/맡길 예 / 金 쇠 금
직역 : 돈을 맡김. 맡긴 돈
풀이 : 일정한 계약에 의하여 은행이나 우체국 따위에 돈을 맡기는 일, 또는 그 돈

預 는 予+頁이다. 予(줄 여)가 음이고 頁(머리 혈)은 뜻이다. 豫(미리 예)와 같이 '미리' 라는 뜻인데 우리나라에서는 '맡긴다' 는 뜻으로도 사용된다.

金 은 亼+쇼이다. 쇼은 흙(土흙 토) 속에 금(丷)이 있는 모양으로 뜻이고, 亼이제 금은 음이다. 金은 흙 속에 묻혀있지만 반짝반짝 빛이 나는 황금이다. 쇠라는 뜻도 있다. 금은 예나 지금이나 화폐로서의 기능을 가지고 있다. 그래서 金에는 돈이라는 뜻도 있다. 資金(자금), 金錢(금전), 金融(금융)이 모두 '돈' 과 관련이 있다.

預金은 맡긴 돈이다. 은행이 일반으로부터 그 보관과 운영을 위탁받은 자금이다. 금융기관으로서는 예금주로부터 금전의 보관 운용을 위탁받음으로써 발생한 채무이며 예금주로서는 금융기관에 대한 지급청구권이라 할 수 있다. 예금업무는 여신업무와 함께 금융기관의 중요한 업무이다.

貯 蓄
저 축

한자 : 貯 쌓을 저 / 蓄 쌓을 축

직역 : 쌓음. 모아 두는 것

풀이 : 소득 중에서 소비로 지출되지 않는 부분 또는 지출하지 않는 부분

貯 는 貝+宁이다. 貝(조개 패)가 뜻이고 宁(쌓을 저)가 뜻·음이다. 宁는 물건을 담아두는 상자이다. 조개로 상징되는 갖가지 재물을 상자에 쌓아둔 것을 표현한 것이다.

蓄 은 艹+畜이다. 艹(풀 초)와 畜(쌓을 축)이 모두 뜻이다. 본래는 畜으로 썼다. 畜은 짐승의 위와 창자를 본뜬 글자이다. 蓄은 풀을 주식으로 하는 동물이 음식을 위와 창자에 쌓아둔 것을 표현한 것이다. 가축(家畜)에서 畜의 본뜻을 확인할 수 있다.

貯蓄은 소득 중에서 소비하지 않고 모아둔 부분이다. 절약해서 모아 두는 것이다. 따라서 은행이나 우체국 따위에 돈을 맡기는 預金(예금)과 구분된다. 국민경제 입장에서 볼 때에는 기업이나 정부의 저축은 개인저축에 비해 量的(양적)으로 약소하므로 개인저축이 중요한 의의를 가지고 있다. 국민경제를 형성하고 있는 가계·기업 및 정부에 의하여 행해지는 저축 전체를 總貯蓄(총저축)이라고 한다.

讓渡性定期預金證書 양도성 정기예금증서 Negotiable Time Certificate of Deposit

한자 : 讓 사양할 양 / 渡 건넬 도 / 性 성품 성 / 定 정할 정 / 期 때 기 / 預 미리/맡길 예 /

　　　金 쇠 금 / 證 증명할 증 / 書 글 서

직역 : 양도하는 성격을 가진 정기 예금 증서 / 讓渡 – (재산이나 물건을 남에게) 사양하여

　　　넘겨줌, 또는 그런 일. 定期 – 때를 정함. 정한 기간. 證書 – 증명하는 서류

풀이 : 제 3자에게 양도가 가능한 정기예금증서

참고 : 양도성 예금증서 (CD : Certificate of Deposit)

讓渡性定期預金證書는 은행이 정기예금에 대하여 발행하는 무기명의 예금증서이다. 無記名(무기명 : 이름을 기록하지 않음)이며 양도할 수 있기 때문에 예금자는 이를 금융시장에서 자유로이 매매할 수 있다.

要求拂預金 요구불예금 Demand Deposit

한자 : 要 구할 요 / 求 구할 구 / 拂 털/지불할 불 / 預 미리/맡길 예 / 金 쇠 금

직역 : 요구하면 주는 예금 / 拂 – 털다. 지불함. 要求 – 구함. 필요로 함

풀이 : 예금자의 청구에 의하여 언제든지 바로 지급되는 예금

예금주가 지급을 원하면 언제든지 조건 없이 지급하는 예금으로, 현금과 유사한 유동성을 가지므로 통화성예금이라고도 한다. 금융기관에서는 운용이 불안정하므로 낮은 이자를 적용한다. 당좌예금과 보통예금, 별단예금, 가계예금 등이 있다.

定期預金 정기예금 = 저축성예금 Time Deposits

한자 : 定 정할 정 / 期 때 기 / 預 미리/맡길 예 / 金 쇠 금

직역 : 때를 정한 예금 / 定期 – 때를 정함. 정한 기간.

풀이 : 계약에 의거하여 일정 기간 경과하여야 지급에 응하는 고정성이 있는 예금

定期預金은 예금주가 일정 기간 환급을 요구하지 않을 것을 약정하고 일정 금액을 은행에 예치하는 것이다. 일정 금액을 약정한 기간에 맞춰 저축하므로 貯蓄性預金(저축성 예금)이라고도 한다. 定期預金은 예금을 납입할 때나 찾을 때 특정한 조건이 따르기 때문에 금융기관에서는 운용이 안정적인 만큼 요구불예금에 비해 이자가 높다. 저축예금 · 정기예금 · 정기적금 · 상호부금 · 근로자주택마련적금 등이 있다.

休眠預金 휴면예금

한자 : 休 쉴 휴 / 眠 잠잘 면 / 預 미리/맡길 예 / 金 쇠 금
직역 : 쉬거나 잠자는 예금 / 休眠 – 쉬거나 잠
풀이 : 저축을 한 후 일정 기간 찾아가지 않는 예금

1만원 미만은 1년 이상, 1만~5만원 미만은 2년 이상, 5만원 이상은 3년 이상 거래가 없을 때 휴면예금으로 분류한다. 5년 이상 거래가 없는 휴면예금은 은행이 내줄 법적 의무가 없지만 대부분 은행들은 예금인출 요구가 있으면 예금을 내주고 있다.

貯蓄性向 저축성향 Propensity to Save

한자 : 貯 쌓을 저 / 蓄 쌓을 축 / 性 성품 성 / 向 향할 향
직역 : 쌓으려는 성향 / 性向 – 성품의 향방
풀이 : 소득 중에서 저축이 차지하는 비율

貯蓄性向은 소득에 대한 저축의 비율을 말한다. 이에 반하여 소득에 대한 소비의 비율을 소비성향(消費性向)이라고 한다. 저축성향의 산출 공식은 다음과 같다.

저축 ÷ 소득 = 저축 성향

> **貯蓄保險** 저축보험 Saving Insurance
>
> 한자 : 貯 쌓을 저 / 蓄 쌓을 축 / 保 지킬 보 / 險 험할/어려울 험
>
> 직역 : (돈을) 모으는 보험 / 保險 – 위험으로부터 지킴
>
> 풀이 : 3년·5년 또는 10년 등 비교적 단기간의 저축을 목적으로 하는 보험

貯蓄保險은 보험에 저축의 기능을 결합한 것이다. 일반적인 형태는 생사혼합보험형이다. 이 보험은 불의의 사고보다 소득감소에 대비한 경제적 불안을 위험대상으로 하여, 자기저축에 의하여 안정적인 경제생활을 보장하기 위해 저축을 중점을 둔 보험이다.

결혼이나 독립자금·주택마련자금·사업자금·노후생활자금 등의 준비에 이용된다.

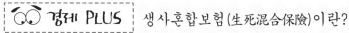 경제 PLUS ㅣ 생사혼합보험(生死混合保險)이란?

삶과 죽음을 섞어 합친 보험 → 생존보험과 재해사망보험을 혼합한 보험

생사혼합보험은 피보험자가 만기까지 생존하였을 때 만기보험금이 지급되고, 보험기간 중 사고나 법정전염병으로 인하여 사망하였을 때는 재해사망보험금이 지급되는 보험이다.
재해사망보험은 재해로 인한 사망이 아닌 일반 사망일 경우 보험금을 지급하지 않고, 그때까지 납입한 보험료 상당액의 사망급부금을 지급하는 경우가 많다.

流動性選好說

유동성선호설

한자 : 流 흐를 류 / 動 움직일 동 / 性 성품 성 / 選 가릴 선 / 好 좋아할 호 / 說 말씀 설

직역 : 흘러 움직이는 성질을 좋아한다는 이론 / 流動性 – 흘러 다니는 성질.

　　　選好 – 여럿 가운데서 특별히 가려서 좋아함

풀이 : 현금으로 보유하려는 성향

流 는 氵+ 厶 + 儿 다. 氵와 는 水(물 수)가 변한 것이고, 厶(子)(아들 자)는 아기이다. 흐르는 물에 아이를 떠내려 보내는 것을 표현한 것이다. (子→ 厶 : 아들 자), (水→ 儿 : 물 수)이다.

動 은 重+力이다. 重(무거울 중)이 음이고 力(힘 력)은 뜻이다. 무거운 짐을 움직이려고 힘쓰는 모습을 표현한 것이다.

性 은 忄+生이다. 忄(心)(마음 심)이 뜻이고, 生(날 생)이 음이다. 忄이 들어간 한자는 대부분 마음의 상태와 관련된 뜻을 가진다. 性은 태어나면서부터 가지고 있는 마음, 곧 '성품', '성질'이라는 뜻을 가진다.

選 은 巽+辶이다. 巽(손괘 손)은 뜻·음이고 辶(辵)(쉬엄쉬엄갈 착)은 뜻이다. 巽은 무릎을 꿇고 앉아있는 사람들이다. 選은 이들 가운데 하나를 신을 받들어 모실 사람으로 뽑아 보내는 것을 표현한 것이다.

好 는 女+子이다. 女(여자 녀)와 子(아들 자)가 모두 뜻이다. 남자와 여자가 서로 좋아하는 모습이라는 속설이 있지만, 女는 엄마이고, 子는 아기이다. 엄마가 아기를 안고 좋아하는 모습이다.

說 은 言+兌다. 言(말씀 언)이 뜻이고 兌(바꿀 태)는 음이다. 兌는 입(口)에 주름(八)이 잡힐 정도로 환하게 웃고 있는 사람(儿)을 표현한 것이다. '기뻐하다' 가 본뜻이다. 이 글자가 '바꾸다' 라는 뜻으로 많이 쓰이자 본뜻을 위해서는 忄(心)(마음 심)을 덧붙여 悅(기쁠 열)을 만들었다. 說은 '말하다' 이다. 悅과 통용하여 '기쁠 열' 로 사용하기도 한다.

流動性 選好란 자산을 화폐·당좌예금과 같은 유동적형태로 보유하려는 경향을 가리킨다. 즉 현금으로 보유하려는 경향이다. 이런 의미에서 利子(이자)는 화폐를 금융기관에 예치하여 고정시킴으로써 화폐의 유동성을 포기한 대가로 받는 보수라고 할 수 있다.

👀 경제 PLUS 유동성이 풍부하다?

流動性이란 물처럼 흘러서 이리저리 움직이는 성질이다.
→ 식물 〈 동물, 얼음 〈 물, 부동산 〈 현금 : 오른쪽이 유동성이 커요.
경제에서 말하는 유동성은 보유하고 있는 자산을 제 값을 받고 쉽게 현금으로 바꿀 수 있는 정도를 뜻한다. 예컨대 어떤 주식의 유동성이 풍부하다면 '주식을 시가(時價)에 쉽게 팔 수 있다' 는 말과 같다. 따라서 언제든지 찾을 수 있는 요구불예금은 유동성이 풍부하다고 할 수 있고, 부동산은 유동성이 부족하다고 할 수 있다.
그러나 금융시장 자체에 유동성이 풍부하면 어딘가로 투자처를 찾게 되므로 부동산을 비롯한 모든 자산을 쉽게 현금화할 수 있다.

株 式
주   식

한자 : 株 그루/주식 주 / 式 법 식
풀이 : 주식회사의 자본을 이루는 단위. 주주의 출자에 대하여 교부하는 유가증권

株 는 木+朱이다. 朱(붉을 주)는 본래 나무의 줄기를 나타내기 위해 木(나무 목)의 중간에 짧은 선을 그어 표시한 것이다. 이 글자가 '붉다' 라는 뜻으로 가차되자 본뜻을 위해서 木을 덧붙여 만든 것이 株다. 나무의 줄기, 그루이다. 우리나라에서는 '주식' 을 뜻하는 글자로도 사용된다.

式 은 工+弋이다. 工(장인 공)이 뜻이고 弋(주살 익)은 음이다. 工은 장인이 사용하는 곱자다. 물건을 반듯하게 만드는데 자가 기준이 되기 때문에 '공' 을 뜻요소로 삼았다. '의식' , '방식' 이라는 뜻도 함께 생겨났다.

株式은 ① 주식회사의 자본을 구성하는 단위로서의 금액, ② 회사에 대한 주주의 권리·의무의 단위인 주주권(株主權)이다. 株式과 주권(株券)을 혼동하는 일이 많으나, 株券은 주식(주주권)을 증명하는 유가증권이다. 株式을 줄여 '株' 라고 하며, 소유자를 '주주(株主)' 라고 한다.

優良株 우량주 Superior Stocks
한자 : 優 넉넉할/뛰어날 우 / 良 좋을 량 / 株 그루/주식 주
직역 : 뛰어나고 좋은 주식 / 優良 – 뛰어나고 좋음

풀이 : 실적과 경영내용이 좋고 배당률도 높은 회사의 주식

優良株에 관한 정확한 기준이나 개념이 정립되어 있는 것은 아니다. 일반적으로 당해 회사의 재무 내용이 좋고 사업 안정성이 높으며, 안정배당 및 성장성이 있어 유통이 높은 주식을 優良株라 한다.

成長株 성장주 Growth Stock

한자 : 成 이룰 성 / 長 긴/자랄 장 / 株 그루/주식 주

직역 : 성장하는 주식

풀이 : 수익신장률이 높은 기업의 주식

成長株는 현재로서는 그다지 성장을 하고 있지는 않지만 장래 신제품 · 신기술 등이 수익에 기여할 가능성이 있는 기업의 주식이다. 평균성장률을 상회하는 기업 가운데 미래에 기대되는 성장의 원천이나 현재의 주가에 반영되지 않은 성장요인이 주요 관심 대상이다. 성장주는 현재의 이익보다 미래에 발생할 이익이 더욱 클 것으로 예상해 현재의 기업가치보다 높은 가격에 거래된다. 즉 장래 증자 · 증배(增配)가 기대되므로 현실의 배당에 비하여 주가도 높다. 기업의 재무구조가 튼튼하고, 동종업계에서의 시장점유율이 뛰어나며, 영업실적이 지속적으로 증가하는 요건을 갖춘 기업의 주식이라면 成長株의 요건을 갖추었다 할 수 있다.

價値株 가치주 Value Stock

한자 : 價 값 가 / 値 값 치 / 株 그루/주식 주

직역 : 가치가 있는 주식

풀이 : 실적이나 자산에 비해 기업 가치가 상대적으로 저평가됨으로써 낮은 가격에 거래되는 주식

價値株는 현재 발생하는 주당 순이익에 비해 상대적으로 낮은 가격에 거래되는 주식을 말한다. 최근 價値株에 개념은 고성장은 아닐지라도 안정적인 성장세를 유지하면서 고배당을 실시해 주주를 중시하는 기업의 주식을 가리키는 용어로 확대되는 추세다.

일반적으로 價値株는 주가수익비율이 낮고, 기업의 내재가치보다 낮게 평가되어 거래되는 주식을 찾아내 장기적으로 투자하는 형태를 취한다. 따라서 價値株 투자에는 투자한 분야가 사양산업이 됨으로써 이익이 지속적으로 감소할 가능성이 상존하므로 항상 위험이 도사리고 있다. 대표적인 가치주 업종으로는 조선·가스·전기·금융 등을 들 수 있다.

上場株式 상장주식 Listed Stock

한자 : 上 위 상 / 場 마당 장 / 株 그루/주식 주 / 式 법 식
직역 : 장에 올린 주식
풀이 : 증권거래소에서 매매되고 있는 주식, 즉 증권거래소에 상장되어 있는 주식

증권거래소에서 거래할 수 있는 주식을 上場株式이라고 한다. 증권거래소에서는 투자자보호를 위해 상장기준을 충족된 주식에 대해서만 상장하여 거래되도록 하고 있다. 즉 상장기준을 충족하고 상장 후에도 증권거래법에 의해 관리감독을 받기 때문에 주식이 거래소에 상장되면 ① 상장회사로서 사회적 평가가 높아지고 ② 시가로 환금이 쉬워지며 ③ 자금조달이 쉽고 ④ 주식의 담보가치가 높아지는 등 여러 가지 이점이 있다.

스톡옵션 Stock Option

풀이 : 기업이 임직원에게 일정량의 자사주식을 발행하여 나중에 임의로 처분할 수 있도록 한 제도

주식매입 선택권 및 주식매수 선택권이라고도 한다. 임직원에게 자사의 주식을 시세보다 훨씬 싼 가격으로 매입할 수 있는 권리를 부여한 뒤 일정기간이 지난 뒤 임의로 처분할 수 있는 권한을 부여하는 것이다. 기업의 주가가 상승하면 주식을 매각함으로써 상당한 차익금을 남길 수 있기 때문에 우수인력을 유치하는 강력한 무기가 될 수 있다.

미국의 경우 유력 기업의 75% 이상이 스톡옵션제를 시행하고 있다. 우리나라는 1997년 4월에 증권거래법이 개정되면서도 도입된 후 급속히 확산되고 있다.

失權 실권

한자 : 失 잃을 실 / 權 권세 권

직역 : 권리를 잃음

풀이 : 권리나 권세를 잃음

동음이의어 : 實權(實 참/열매 실 / 權 권세 권) – 실제로 행사할 수 있는 권리

경제에서의 失權은 주식에서 주식을 인수할 우선권이 있는데도 이를 포기하는 것을 뜻한다.

우리나라에서는 1996년 에버랜드 사건의 경우 주주 26명에게 전환사채(CB) 우선 배정권이 있었지만 당시 대부분의 개인 주주들이 시가보다 훨씬 낮은 가격에 인수할 수 있음에도 불구하고 失權해서 사회적 이슈가 되었다.

背任 배임

한자 : 背 등질 배 / 任 맡을 임

직역 : 임무를 등짐

풀이 : 주어진 임무를 저버림

背任은 공무원이나 회사원이 자신의 이익을 위해 국가나 회사에 재산상의 손해

를 입히는 것이다. 타인의 사무를 처리하는 사람이 그 임무에 위해하는 행위로써 이익을 취득하거나 제삼자로 하여금 이득을 취득하게 하여 본인에게 손해를 가하면 형법에 의해 배임죄(背任罪 Breach of Duty)를 적용받는다. 손해 금액이 5억 미만이면 형법의 업무상 배임죄를 적용받지만, 5억 이상이면 특정경제범죄가중처벌법상 배임죄를 적용받는다.

경제 PLUS 　주식을 쉽게 이해하면

사업을 하는 데는 돈이 들지요. 사업체의 주인이 사업장에 자금을 댑니다. 이를 출자(出資)라고 해요. 돈이 더 필요하면 대출을 받거나 주식을 발행하여 조달합니다. 이때의 株式은 자본을 구성하는 단위가 되지요(자본은 주식으로 분할하므로 주식의 금액은 균일합니다). 대출은 부채이고 주식은 출자입니다. 이때 출자한 사람들을 주주라고 합니다. 주식을 가지게 되면 주주권이 발생하는데 이 권리를 또 株式이라고 합니다. 주주권을 서류로 증명한 것이 유가증권입니다.

기업은 대출금에 대해서는 이자를 지급하고, 출자에 대해서는 이익금 나눠줍니다. 이것을 배당이라고 합니다.

株 主
주　　주

한자 : 株 그루/주식 주 / 主 주인 주
직역 : 주식의 주인
풀이 : 주식을 가지고 직접 또는 간접으로 회사 경영에 참여하고 있는 개인이나 법인

株 는 木+朱이다. 朱(붉을 주)는 본래 나무의 줄기를 나타내기 위해 木(나무 목)의 중간에 짧은 선을 그어 표시한 것이다. 이 글자가 '붉다' 라는 뜻으로 가차되자 본뜻을 위해서 木을 덧붙여 만든 것이 株다. 나무의 줄기, 그루이다. 우리나라에서는 '주식' 을 뜻하는 글자로도 사용된다.

主 는 횃불, 또는 촛불의 모양이다. 불씨는 당연히 그 집의 주인이 관리하므로 '주인' 이라는 뜻이 생겨났다. 본뜻을 위해서는 火(불 화)를 덧붙여 炷(불꽃 주)를 만들었다.

株主는 주식회사의 주주권을 가진 자로서 회사의 최고의사결정 기관인 주주총회를 구성하는 구성원이다. 주주는 의무와 권리를 동시에 갖는다. 의무는 출자의 의무 단 1개이다. 출자는 현금을 원칙으로 한다. 주주는 1株에 대해 1개의 의결권만을 가지며 총회에 출석하여 질문할 권리와 이익배당청구권 · 잔여재산분배청구권 · 신주인수권 등이 있다. 주식을 개인이 소유하면 개인주주, 금융기관이나 법인이 주식을 소유하면 기관주주 · 기관투자가, 법인주주라고 한다.

大株主 대주주

한자 : 大 큰 대 / 株 그루/주식 주 / 主 주인 주

직역 : 큰 주주, 주주 중에서 주식을 많이 가진 자

풀이 : 주식회사에서 대다수의 주식을 소유하고 있는 주주

大株主는 회사의 주식을 대량으로 소유한 주주이므로, 기업의 경영권을 가진 경우가 많다. 예전에 비해 소주주(小株主)가 상대적으로 늘어나 50% 이하, 때로는 20% 정도의 주식 보유로도 경영권을 행사할 수 있게 되었다. 한편 주식이 다수의 주주들에게 더욱 분산되고 대주주가 보유한 주식이 현저하게 줄어들면, 주주들로부터 경영을 위임받은 전문경영인이 회사를 지배할 가능성이 생기게 된다. 이것이 이른바 '경영자지배' 또는 '자본과 경영의 분리'라고 하는 현상이다.

株主權 주주권

한자 : 株 그루/주식 주 / 主 주인 주 / 權 권세 권

직역 : 주식의 주인이 갖는 권리

풀이 : 주주가 주식회사의 구성원, 즉 주주로서의 자격으로 가지는 권리·의무

株主權은 주주가 회사에 대하여 지니는 권리이다. 공익을 위한 공익권(共益權)·주주 개인의 이익을 추구할 수 있는 자익권(自益權)으로 크게 나눌 수 있다. 주주 총회에서의 의결권, 이사와 감사에 대한 선거권과 감독권은 공익권에 속한다. 자익권으로는 투자자로서의 주주 개인의 재산적 이익을 위하여 인정되는 이익배당청구권, 회사를 해산할 때에 남은 재산에 대한 잔여재산분배청구권 등이 있다.

少額株主 소액주주 Minority Shareholders

한자 : 少 적을 소 / 額 이마/머릿수 액 / 株 그루/주식 주 / 主 주인 주

직역 : 적은 액수를 가진 주식의 주인

풀이 : 한 회사의 주식을 소량 가진 주주

少額株主는 보유한 주식의 금액이 적은 주주이다. 법인, 상장기업, 비상장기업에 따라 少額株主에 대한 규정이 조금씩 다르다. 우리나라의 상장기준에는 少額株主가 보유하는 주식수가 발행주식 총수의 40% 이상일 것과 소액주주의 수가 300명 이상일 것 등 일정 규모의 少額株主가 있어야 한다는 규정이 있다. 이들이 많을수록 회사의 주식이 대중에 잘 분산되어 있다고 볼 수 있으며, 주식 1개당 주주권이 부여되므로 少額株主도 대주주와 마찬가지로 주주권을 행사할 수 있다.

寡占株主 과점주주

한자 : 寡 적을 과 / 占 점 점 / 株 그루/주식 주 / 主 주인 주

직역 : 과점인 주식의 주인 / 寡占 – 몇몇이서 차지함

풀이 : 발행주식의 과반수를 소유하고 기업경영을 지배하는 주주

寡占株主는 발행 주식의 반 이상을 소유하고 기업 경영을 지배하고 있는 주주이다. 지배 주주 또는 대주주라고도 한다. 국세기본법에서는 1인일 경우 자본금의 50%이상, 2인일 경우 60% 이상, 3일인 경우 70% 이상을 과점주주라고 하였다. 소액주주가 많은 선진국은 과점의 한계가 주식 총수의 20% 가량이지만, 우리나라는 과점주주의 편중이 심하므로 정부에서 기업공개, 독점규제 및 공정거래에 관한 법률 등으로 규제하고 있다.

實質株主 실질주주

한자 : 實 참 실 / 質 바탕 질 / 株 그루/주식 주 / 主 주인 주

직역 : 실질적인 주주 / 實質 – 진짜, 실제로 있는 본바탕

풀이 : 당해 발행회사가 작성하는 실질주주명부에 기재된 주주

예탁증권의 공유자 가운데 발행회사가 정한 주주명부폐쇄기준일 현재 실질주주명부에 성명·주소와 소유 주식 수가 기재된 주주를 말한다.

넓은 의미에서 實質株主는 증권예탁원에 예탁시킨 예탁주권의 공유자를 말한다. 이 경우 주주명부폐쇄기준일에 상관없이 고객계좌부나 예탁자계좌부에 기재되는 시점부터 실질주주로 간주된다. 좁은 의미에서 實質株主는 예탁주권의 공유자 가운데 발행회사가 정한 주주명부폐쇄기준일 현재 당해 발행회사가 작성하는 실질주주명부에 성명·주소와 소유 주식 수가 기재된 주주를 말한다. 일반적으로는 후자를 실질주주라 한다.

同一株主 동일주주

한자 : 同 같을 동 / 一 하나 일 / 株 그루/주식 주 / 主 주인 주

직역 : 동일한 주식의 주인 / 同一 – 하나로 같음. 같음. 하나임

풀이 : 주주명부에 기재된 자와 실질주주명부에 기재된 자가 동일인인 경우

同一株主의 판단 근거는, 개인의 경우는 성명·주민등록번호가 같을 때, 법인의 경우는 명칭·사업자등록번호가 같을 때, 등록외국인인 경우는 명칭·투자등록번호가 같을 때 동일인으로 인정한다. 同一株主로 인정되면 발행회사는 주주명부의 주식 수와 실질주주명부의 주식 수를 합산해 그 내역을 관리해야 한다.

個人株主 개인주주 Individual Stockholder

한자 : 個 낱 개 / 人 사람 인 / 株 그루/주식 주 / 主 주인 주

직역 : 개인인 주식의 주인 / 個人 – 낱낱의 사람

풀이 : 주식용어로, 개인이름으로 주식을 보유하고 있는 주주

個人株主는 개인 자격으로 주식을 보유한 주주이다. 법인주주나 기관투자가에

대응하는 개념으로 일반투자가라고도 한다.

法人株主 법인주주 Institutional Investor

한자 : 法 법 법 / 人 사람 인 / 株 그루/주식 주 / 主 주인 주
직역 : 법인인 주식의 주인 / 法人 − 법적인 사람
풀이 : 회사의 주식을 취득하여 주주의 자격을 가진 법인.

法人株主는 유가증권 투자로 얻는 수익을 주요한 수익원으로 하는 법인투자기
관이다. 개인주주에 상대되는 개념으로, 기관투자가(機關投資家), 투자기관(投資
機關)이라고도 한다.

個人株主는 2차 세계대전 이후 여러가지 요인으로 점점 줄어들고, 법인주주가
증대되는 추세이다. 보험회사 · 은행 · 투자신탁회사 · 연금기금 · 대학기금 · 공
제조합 · 농업단체 · 스포츠단체 · 일반회사 등이 있다.

安定株主 안정주주 Stable Stockholde

한자 : 安 편안할 안 / 定 정할 정 / 株 그루/주식 주 / 主 주인 주
직역 : 안정적인 주식의 주인 / 安定 − 편안하고 변함 없음
풀이 : 회사의 업적이나 주가의 일시적 변동에 관계없이 장기간 주식을 소유하고 있는 주주

실적이나 주가변동에 관계없이 장기간 주식을 소유하고 있는 주주를 안정주주라
고 한다.

기업입장에서 출자금이 안정되어 있기 때문에 붙여진 이름이다. 안정주주가 많
으면 주가가 안정되어 경영이 견실해지는 효과가 있다. 일반적으로 개인주주는
불안정주주, 법인주주는 안정주주에 속한다.

株主總會 주주총회 General Meeting

한자 : 株 그루/주식 주 / 主 주인 주 / 總 거느릴/다 총 / 會 모일 회

직역 : 주식의 주인이 모두 모임 / 總會 – 모두 모임. 전체가 다 참석한 모임

풀이 : 주주가 모여서 회사의 의사를 결정하는 필요기관

정기적으로 개최하여 계산서류의 승인·이익배당에 관한 의결이 이루어지는 정기총회와 영업의 양도, 이사의 해임 등 필요에 따라 수시로 소집하는 임시총회가 있다. 상법에서 소집절차·소집장소·소집회수에 관한 규정을 두었다. 총발행주식의 5/100 이상에 해당하는 주식을 가진 주주는 이사회에 서면으로 임시총회의 소집을 요구할 수 있다.

株主名簿 주주명부

한자 : 株 그루/주식 주 / 主 주인 주 / 名 이름 명 / 簿 장부 부

직역 : 주식의 주인 이름이 적힌 장부 / 名簿 – 이름을 적은 장부

풀이 : 주주 및 주권에 관한 사항을 명확히 하기 위한 회사의 장부

이사는 주주명부를 작성하여 본점에 비치하여야 한다. 주주명부는 기명주식 양도의 대항요건, 주주 또는 登錄質權者(등록질권자)에 대한 통지·催告(최고)의 주소, 이익 또는 이자의 지급장소 결정에 관하여 중요한 효력을 가진다. 주주 및 회사채권자는 영업시간 내에는 언제든지 주주명부의 열람·등사를 청구할 수 있다.

證 券
증 권

한자 : 證 증명할 증 / 券 문서 권

직역 : 증명하는 문서

풀이 : 증거가 되는 문서나 서류로 일반적으로 '유가 증권'을 이름

證 은 言+登이다. 言(말씀 언)이 뜻이고 登(오를 등)은 음이다. '고발하다', '증거' 라는 뜻으로 사용된다. 登이 들어있는 한자는 주로 '등', '증', '징'과 같은 음을 가진다.

券 은 丰+刀다. 丰은 음이고 刀(칼 도)는 뜻이다. 옛날에는 계약할 때 계약 내용을 나무에 쓰고 그것을 반으로 쪼개서 각각 하나씩 보관했다. 이것이 券이다. 증서를 쪼갠 한 쪽이다. 丰은 두 손으로 곡식을 잡고 있는 모양이다. 卷(책 권), 拳(주먹 권), 眷(돌아볼 권) 등에서 음요소로 사용되었다.

證券은 재산상의 권리와 의무에 관한 사항을 기재한 문서이다. 유가증권(有價證券 Wertpapier)과 증거증권(證據證券 Beweisurkunde)이 있다. 일반적으로 證券이라 하면 유가증권을 말한다.

無因證券 무인증권 Abstraktes Papier

한자 : 無 없을 무 / 因 인할 인 / 證 증명할 증 / 券 문서 권

직역 : 인함이 없는 증권 / 無因 – 원인이 없음. 證券 – 증명하는 문서

풀이 : 증권상의 권리가 증권수수의 실질적 원인관계에 의하여 영향을 받지 않는 유가증권

無因證券은 증권의 권리가 증권의 발행 행위 이외의 다른 어떤 법률관계나 원인관계의 효력에 의하여 영향을 받지 않는 유가증권이다. 원인을 필요로 하지 않는 증권이라는 데서 불요인증권(不要因證券)이라고도 한다.

어음·수표가 이에 속한다. 예컨대 어음이 발행되었을 경우, 어음상의 권리는 어음발행의 요건을 충족시키기만 하면 유효하며, 어음수수의 원인인 매매계약의 무효·취소로 인하여 아무런 영향도 받지 않는다. 무인증권의 주된 목적은, 증권의 기재만을 신뢰하여 증권의 유통을 촉진시키고자 함에 있다.

證券市場 증권시장 Security Market

한자 : 證 증명할 증 / 券 문서 권 / 市 저자 시 / 場 마당 장
직역 : 증권의 시장 / 市場 – 사고파는 마당
풀이 : 증권을 사고파는 시장

證券市場은 증권이 발행되어 유통되는 시장이다. 기업이 증권을 발행하는 것을 직접발행이라고 한다. 기업으로부터 위임받은 기관(증권회사)이 발행하면 간접발행이다. 보통은 간접발행의 형태를 취하며 이때 증권회사를 인수업자(Underwriter)라고 한다. 인수업자는 引受團(인수단 Syndicate)을 조직하여 업무를 진행한다.

증권의 유통은 중개업자인 증권회사가 주로 담당한다. 거래소를 이용하는 경우와 거래소를 거치지 않는 場外去來(장외거래)가 있다.

우리나라는 거래소에서 대부분의 주식 매매가 이루어지며 매매상황이나 시세가 바로 공표되므로 증권시장이라 하면 거래소시장으로 인식된다. 거래소시장은 증권회사 이외에는 참여하지 못하므로 개인은 반드시 증권회사를 거쳐야 한다.

證券會社 증권회사 Security Company

한자 : 證 증명할 증 / 券 문서 권 / 會 모일 회 / 社 모일 사

직역 : 증권을 업으로 하는 회사 / 會社 – 모임. 단체

풀이 : 증권업을 영위하는 주식회사

證券會社는 증권을 업으로 하는 회사이다. 증권거래법에 근거하여 재정경제원
장관의 허가를 받아야 한다. 주요업무는 유가증권의 매매업무, 유가증권의 위탁
매매, 매매의 중개 대리, 시장에서의 매매거래에 관한 위탁의 중개 · 주선 · 대리
등의 업무, 유가증권의 인수 · 매출 및 모집 또는 매출의 주선 등이 있다.

證券去來所 증권거래소 Stock Exchange

한자 : 證 증명할 증 / 券 문서 권 / 去 갈 거 / 來 올 래 / 所 바/곳 소

직역 : 증권이 거래되는 곳 / 去來 – 가고 옴

풀이 : 증권을 매매하기 위하여 개설된 상설의 유통시장

證券去來所는 증권이 유통되는 시장이다. 우리나라는 부산에 한국증권선물거
래소가 있다. 주식매매의 대부분과 채권매매의 과반수가 이곳에서 집중적으로
거래된다. 미국 · 일본에는 거래소가 10여 곳에 있으나, 매매의 대부분이 그 중
제일 큰 도시에 있는 거래소 한 곳에 집중된다.

거래를 시작할 때 사고 팔자는 주문을 모두 모아서 하나의 시세를 결정하지만(단
일가격 매매), 그 후부터 그때마다 들어오는 주문 중 서로 값이 맞는 것을 매매시
켜 나간다(接續賣買접속매매). 도중에 특히 매매량이 폭주할 때는 평상시의 접속
매매를 중단하고 주문을 한꺼번에 처리하여 주는 일(大量賣買대량매매)도 있다.
하루 중의 첫 시세를 始價(시가), 끝 시세를 終價(종가)라고 하며, 종가를 그날의
대표시세로 본다.

증권거래소의 회원만이 증권을 매매할 수 있다. 우리나라는 증권거래법에 의해

증권회사만이 증권거래소의 회원이 될 수 있다. 따라서 모든 증권투자자는 증권회사를 통해 주식을 매매할 수 있으며 이에 대해 수수료를 내는 것이다.

韓國證券先物去來所 한국증권선물거래소 Korea Exchange

한자 : 韓 나라이름 한 / 國 나라 국 / 證 증명할 증 / 券 문서 권 / 先 먼저 선 / 物 물건 물 / 去 갈 거 / 來 올 래 / 所 바/곳 소

직역 : 현물거래소와 상품거래소 등이 합병되어 출범한 거래소

한국증권거래소, 코스닥, 한국선물거래소, 코스닥위원회가 합병된 통합거래소이다. 본래의 명칭은 증권선물거래소이며 KRX라고도 한다. 한국증권선물거래소법에 따라 2005년 출범하였다. 거래규모가 방대하여 출범 당시 세계 금융시장의 관심이 집중되었다. 업무는 크게 경영지원과 유가증권시장 · 코스닥시장 · 선물시장 · 시장 감시의 부문으로 나누어진다.

有價證券 유가증권 Wertpapier

한자 : 有 있을 유 / 價 값 가 / 證 증명할 증 / 券 문서 권

직역 : 가치를 있다는 것을 증명하는 문서 / 有價 – 값이 있음

풀이 : 재산적 가치를 가지는 사권(私權)을 표시하는 증권

有價證券은 권리의 발생, 행사, 이전이 증권으로 이루어지는 것으로, 사법상 재산권을 표시한 증권이다. 이는 권리와 증권과의 결합을 기초로 권리의 이전 · 행사를 원활 · 안전하게 함으로써 증권의 유통성을 확보하는 데 목적이 있다. 권리자의 표시방법에 따라 기명증권, 지시증권, 무기명증권, 선택무기명증권으로 나누어지며, 또한 표시된 권리에 따라 물권증권, 채권증권, 사원권증권으로 나누어진다. 어음, 수표, 채권, 주권, 선하 증권, 상품권 따위가 있다.

受益證券 수익증권 beneficiary certificate

한자 : 受 받을 수 / 益 더할 익 / 證 증명할 증 / 券 문서 권

직역 : 이로움을 받는 증권 / 受益 –이익을 얻음

풀이 : 신탁계약상의 수익권을 표시하는 증권

동음이의어 : 收 거둘 수 / 益 이로울 익 – 이익을 거두어들임. 거두어들인 이익

　　　→ 기업이 경제 활동의 대가로서 얻은 경제 가치

受益證券은 다른 사람에게 재산의 운용을 맡겨 그 수익을 받는 권리를 표시한 증권이다.

일반적으로는 投資信託(투자신탁 Loan Trust)의 수익증권과 貸付信託(대부신탁 Loan Trust)의 수익증권을 가리킨다. 투자신탁의 수익증권은 균등하게 분할된 수익권을 표시하는 것으로 무기명식을 원칙으로 하며, 투신사가 운용하고 증권사가 판매를 대행한다. 예금자 보호대상에서 제외된다.

대부신탁의 수익증권은 양도가 자유이며, 발행 후 1년이 경과하면 은행에 다시 팔 수 있다.

👀 경제 PLUS　증권 용어 정리

호가(呼 부를 호 / 價 값 가) : 팔거나 사려는 물건의 값을 부름. 부르는 값 → 증권 시장에서, 거래원이 고객의 주문에 따라 표시하여 전달하는 매도 · 매수의 가격

시가(始 처음 시 / 價 값 가) : 처음의 값

종가(終 마칠 종 / 價 값 가) : 마칠 때의 값

서킷브레이커(Circuit Breakers) : 주식시장에서 주가가 급등락하는 경우 주식매매를 일시 정지하는 제도

관리대상종목(管理對象種目 Issues for Administration) : 상장회사의 영업정지나 부도발생 등으로 증권거래에서 상장폐지(上場廢止) 사유에 해당하는 종목

通貨量

통 화 량

한자 : 通 통할 통 / 貨 재화 화 / 量 헤아릴/양 량

직역 : 재화가 유통하는 양 / 通貨 – 유통되는 재화

풀이 : 통화의 양. 일정한 시점에 민간이 보유하고 있는 현금통화와 통화성 예금의 총칭

通 은 甬+辶이다. 甬(길 용)이 뜻·음이고 辶(辵)(쉬엄쉬엄갈 착)은 뜻이다. 甬은 나무로 만든 통이다. 처음에는 用(쓸 용)으로 썼다. 이 글자가 '쓰다' 라는 뜻으로 사용되자 손잡이를 달아 甬을 만들었고, 다시 이 글자가 '길' 이라는 뜻으로 사용되자 木을 덧붙여 桶(통 통)을 만들었다. 通(통할 통)은 지나다닐 수 있는 통이므로 '통하다', '통로' 라는 뜻을 가진다.

貨 는 化+貝다. 化(될 화)는 음이고 貝(조개 패)가 음이다. 財와 같은 뜻을 가진다. '재화', '재물', '화폐' 이다.

量 은 日+里이다. 日(날 일)과 里(마을 리)가 모두 뜻이다. 여기에서 日은 해가 아니라 곡식을 되는 용기이이고 里는 마을이 아니라 자루이다. 곡식을 되로 퍼서 자루에 담는 모습을 표현한 것이다. '헤아리다', '량' 이라는 뜻이 여기에서 나왔다.

通貨量은 국민이 실제로 보유하여 유통시키는 돈의 양이다. 즉 금융기관 이외의 민간이 보유한 현금통화와 예금통화의 합계이다. 예컨대 우리나라의 통

화량을 산출한다면, 한국은행에서 발행한 한국은행권 및 주화의 총액에서 전체 금융기관이 보유한 순현금을 뺀 나머지가 된다.

경제 PLUS 현금통화와 예금통화

현금통화(現金通貨 Cash Currency) : 법정통화. 최종적인 지급수단으로 사용되는 통화. 가장 기본적인 통화. 중앙은행이 발행하는 은행권과 주화, 정부가 발행하는 정부지폐의 총칭. 예금통화와 대비됨

예금통화(預金通貨 Deposit Currency) : 화폐와 같은 기능을 할 수 있는 당좌예금, 수표 따위

投資信託
투 자 신 탁

한자 : 投 던질 투 / 資 재물 자 / 信 믿을 신 / 託 부탁할 탁

직역 : 투자를 믿고 맡김 / 投資 – 자금을 댐. 信託 – 믿고 부탁함. 믿고 맡김

풀이 : 일반대중으로부터 위탁회사가 자금을 모집하여 이를 투자가를 대신하여
유가증권·부동산 등에 투자하여 그 수익을 투자가에게 나누어주는 제도

投 는 扌+殳이다. 扌(手)(손 수)와 殳(몽둥이 수)가 모두 뜻이다. '몽둥이를 손으로 던지다'가 본뜻이다. 공을 던지는 사람을 투수(投手)라고 하고, 자본을 던지는 것을 투자(投資)라고 한다.

資 는 次+貝다. 次(버금 차)가 음이고 貝(조개 패)는 뜻이다. '재물', '밑천', '자본' 등의 뜻으로 사용된다.

信 은 亻+言이다. 亻(사람 인)과 言(말씀 언)은 모두 뜻이다. 사람의 말이므로 믿을 만하다. '믿다', 믿음이다.

託 은 言+乇이다. 言(말씀 언)은 뜻이고 乇(풀잎 탁)은 음이다. 부탁하거나 맡길 때는 말을 잘 해야 한다.

投資信託은 투자를 믿고 맡기는 것이다. 구체적으로는 증권회사가 일반투자가로부터 자금을 모아서 증권투자 따위를 하여 그 이익금을 투자가들에게 분

배하는 제도를 말한다.

투자를 전문기관에게 맡기는 형태이므로, 남에게 돈을 맡기는 委託者(위탁자 Consignor), 부탁을 받고 남의 돈을 맡은 受託者(수탁자), 이익을 가지는 受益者(수익자 Beneficiary)로 나뉜다.

우리나라에서는 증권투자신탁만 허용하고 있기 때문에, 투자신탁이라 하면 증권투자신탁을 뜻한다.

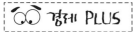 **경제 PLUS** | **투자신탁회사와 투자신탁운용회사, 증권회사**

투자신탁회사 : 간단하게 투신사라고 한다. 증권투자신탁을 전문으로 수행하기 위하여 설립된 금융기관이다. 투자신탁의 판매와 운용을 같이 한다. 증권거래소의 회원이 아니므로 증권거래소에 매수매도 주문을 할 수 없다.

투자신탁운용회사 : 간단하게 투신운용사라고 한다. 투자신탁의 운용만을 영위할 수 있는 회사이다.

증권회사 : 증권거래소에 매수매도 주문을 할 수 있는 증권거래소의 회원이다. 투자신탁상품의 판매를 대행해주고 수수료를 챙긴다. 모든 투자자는 증권회사를 통해 주식을 살 수 있고 이에 대해 수수료를 낸다.

運用(운용) : 고객이 맡긴 돈을 여러 곳에 투자하여 투자이익을 남기는 것

펀 드

특정한 목적을 위해 다수로부터 모은 자금, 뭉칫돈이 펀드(Fund)의 어원이다. 투자자로부터 모은 자금을 전문가가 대신하여 유가증권(주식 · 채권) 등에 투자 · 운용한 후 그 결과를 투자자에게 분배하는 간접투자상품이다.

座 좌

한자 : 座 자리 좌

풀이 : 펀드의 기본 단위

座數(좌수)는 펀드의 수량을 말하는 것으로 주식시장에서의 주식 수량인 株(주)에 해당하는 것이다. 펀드는 대개 1,000좌 단위로 표시된다. 일반적으로 1座당 1원이다. 투자신탁의 수익자가 투자금에 대한 운용결과를 찾을 수 있는 권리를 표시하는 증권을 수익증권이라고 하는데, 펀드에서는 통장상의 殘高左手(잔고좌수)로 표시된다.

殘高數量 잔고수량

한자 : 殘 남을 잔 / 高 높을 고 / 數 셈 수 / 量 헤아릴/양 량

직역 : 남아있는 돈의 수량 / 殘高 – 나머지 높이. 나머지. 잔액. 數量 – 수와 양

풀이 : 투자자가 보유하고 있는 펀드의 수량

1座좌당 1원이므로 2,000원을 투자하면 잔고수량이 2,000座가 된다.

基準價格 기준가격

한자 : 基 터 기 / 準 수준기/법 준 / 價 값 가 / 格 격식 격

직역 : 기준이 되는 값 / 基準 – 터와 법 → 기본이 되는 법. 價格 – 값. 가치

풀이 : 펀드에 가입하고 출금할 때 기준이 되는 가격으로 펀드의 순자산가치를 나타냄

수시로 변하는 신탁재산의 일정 시점에서의 한 좌당 시가이다. 펀드는 언제나 還買(환매)에 응해야 하기 때문에 투자신탁회사(위탁자)에서 매일 계산·발표하고 있다. 펀드를 처음 시작할 때의 기준가격은 1,000원이다.

課稅基準價格(과세기준가격)은 세금을 매기기 위한 세법상의 가격이다.

還買 환매

한자 : 還 돌아올/도로 환 / 買 살 매

직역 : 도로 삼

풀이 : 투자자가 펀드에 가입한 후 투자결과를 돌려받는 것(=출금)

還買手數料 환매수수료

한자 : 還 돌아올/도로 환 / 買 살 매 / 手 손 수 / 數 셈 수 / 料 요금 료

직역 : 도로 사는 데 낸 수수료

풀이 : 펀드가입 후 일정기간 이내에 환매(=중도해약)할 경우 투자자에게 부과되는 수수료

投資信託基準價格 투자신탁기준가격

한자 : 投 던질 투 / 資 재물 자 / 信 믿을 신 / 託 부탁할 탁 / 基 터 기 / 準 수준기/법 준 /

價 값 가 / 格 격식 격

직역 : 재물을 대어 믿고 맡기는 데 있어 기준이 되는 값. 基準 – 터와 법 價格 – 값. 가치

풀이 : 투자신탁에서의 수익권 1좌수(一座數) 당의 순자산가액

額面價格 액면가격

한자 : 額 이마/머릿수 액 / 面 낯 면 / 價 값 가 / 格 격식 격

직역 : 액면 값 / 額面 − 이마와 얼굴 → 겉으로 드러난 것. 앞면. 표면. 價格 − 값. 가치

풀이 : 화폐나 유가 증권 따위의 표면에 적힌 가격

通帳評價金額 통장평가금액

한자 : 通 통할 통 / 帳 휘장/장부 장 / 評 평할 평 / 價 값 가 / 金 쇠 금 / 額 이마/머릿수 액

직역 : 통장 상에 평가된 돈 / 通帳 − 통용하는 장부. 評價 − 평가해서 매긴 가치,
또는 값을 매기는 것. 金額 − 돈의 머릿수(액수)

풀이 : 과세 후의 평가금액

평가할 목적으로 통장에 인자했으므로, 환매수수료가 공제되지 않은 상태이다.
따라서 통장평가금액은 출금가능액과 반드시 일치하는 것은 아니다.

👓 경제 PLUS 펀드, 예금 · 적금의 차이

펀드는 운용실적에 따라 이익이 나면 이익을, 손실이 나면 손실을 돌려주는 실적배당형이므로, 확정금리를 줄 수도 없고 원금이 보장되지도 않는다. 예금 · 적금은 금리가 확정되어 있고 원금이 보장된다.

펀드투자의 장점

❶ 전문가에 의한 운용(전문지식을 갖춘 펀드매니저가 대신 투자한다) ❷ 분산투자의 혜택(여러 종목에 분산하여 투자하기 때문에 집중투자에 따른 위험을 줄일 수 있다) ❸ 수익성 ❹ 운용의 투명성 ❺ 소액 투자 가능(주식 · 채권에 직접 투자하려면 목돈이 필요함)

펀드투자의 단점

❶ 운용실패의 책임을 투자자가 부담함 ❷ 가격 · 금리 · 환율변동 위험(펀드의 가격이 하락하는 위험이 있다) ❸ 예금자보호대상 제외, 세금

CBO펀드 Collateralized Bond Obligation Fund

풀이 : CBO(채권담보부증권) 가운데 후순위채권에 투자하는 펀드

금융기관이 보유하고 있는 만기나 우량도가 서로 다른 채권을 모아 이를 담보로 발행하는 증권인 CBO(Collateralized Bond Obligation) 가운데 주로 후순위채권에 투자하는 펀드이다. 위험성은 크지만 그만큼 높은 수익률을 기대할 수 있다.

단기금융펀드 MMF : Money Market Fund

풀이 : 일정의 신용등급을 갖춘 단기채권, 어음 및 양도성예금증서(CD) 등 단기금융상품에 분산 투자하는 펀드

단위형 펀드와 추가형 펀드

풀이 : 펀드설정 후 추가로 납입할 수 있는지 여부에 따라 구분한 것으로, 단위형 펀드는 추가납입이 제한된 펀드를, 추가형 펀드는 추가납입이 가능한 펀드를 말함

國富펀드 국부펀드 SWF : Sovereign Wealth Fund

한자 : 國 나라 국 / 富 부유할 부

풀이 : 한나라의 정부가 넘치는 외환보유고로 기금을 조성해 수익성 위주로 운용하는 투자

국부펀드는 한 나라가 모아둔 외환을 다른 나라의 증권 · 부동산에 투자하는 것이다. 외환보유액은 나라가 위급할 때를 대비하여 달러나 유로화로 모아둔 부분이다. 주로 고유가와 경상수지 흑자로 외환보유고가 넘쳐나는 중동과 아시아 신흥국들이 국부펀드의 운영 주체다. 그 동안 세계 각국은 미국의 국채같이 안전하면서 유동성이 높은 자산에 투자했지만 세계의 경제상황이 바뀌면서 각국이 보다 수익률이 높은 자산을 찾아 투자를 꾀한 것이다. 국부펀드는 연기금이나 헤지펀드, 사모펀드, 일반펀드의 장점을 두루 갖고 있다. 투자자들의 환매 요구 등 자

체 유동성에 대한 부담이 없기 때문에 웬만한 주가 하락에도 흔들림 없이 장기 투자를 할 수 있을 정도로 리스크 포용 능력이 뛰어나다.

그러나 국부펀드의 움직임에 따라 한 나라의 증시나 경제가 크게 영향을 받을 수 있는 데다가 국부펀드가 정치적인 목적에 따라 움직일 경우 외교 안보에 문제가 생길 수도 있기 때문에 최근 선진국들을 중심으로 규제 주장이 일고 있다.

매칭펀드 Matching Fund

풀이 : 투자신탁회사가 국내외에서 조달한 자금으로 국내외 증권시장에 분산투자하는 기금

외국투자자에게는 국내증권 투자를, 국내투자자에게는 해외증권 투자를 할 수 있는 기회를 부여함으로써 국내외 투자 비중을 여건에 따라 탄력적으로 조정할 수 있다.

뮤추얼펀드 Mutual Fund

풀이 : 투자자들의 자금을 모은 자산운용전문기관이 주식이나 채권, 파생상품에 투자하여, 수익을 가입자에게 분배하는 간접투자 상품

투자자가 펀드의 주주가 되며, 하나의 회사로 설립하기 때문에 다른 펀드에 있는 유가증권을 섞어 수익률을 조정하지는 못한다. 일단 펀드에 가입하면 만기까지 중간에 돈을 추가로 입출금할 수 없다.

配當株펀드 배당주펀드

한자 : 配 짝/나눌 배 / 當 당할/맡을 당 / 株 그루/주식 주

직역 : 配當 – 주식회사가 이익금의 일부를 현금이나 주식으로 할당하여 자금을 낸 사람이나 주주에게 나누어 주는 일

풀이 : 배당수익률이 높을 것으로 예상되는 종목에 집중적으로 투자하는 펀드

혼합형펀드의 일종으로, 예상한 배당수익률 이상으로 주가가 상승하면 주식을 팔아 시세차익을 얻고, 그렇지 않으면 배당 시점까지 주식을 가지고 있다가 예상 배당금을 획득함으로써 주가 하락에 따른 자본손실을 만회하는 펀드이다.

은행정기예금 금리보다 훨씬 높은 수익률을 올릴 수 있고, 종목만 잘 고르면 주가 상승에 따른 시세 차익도 얻을 수 있다는 장점이 있다. 반대로 아무리 높은 배당금을 받았다고 하더라도 투자 원금의 손실이 크면 전체적인 수익률이 마이너스가 될 수도 있기 때문에 투자 원금을 잃지 않을 만한 종목을 골라야 하는 어려움이 있다.

북펀드 Book Fund

풀이 : 독자가 직접 도서 제작비에 투자함으로써 출판사와 함께 서적을 만들 수 있는
기회를 제공하는 펀드

非課稅高收益債券 - 비과세고수익채권펀드

한자 : 非 아닐 비 / 課 매길 과 / 稅 세금 세 / 高 높을 고 / 收 거둘 수 / 益 더할 익 / 債 빚 채 /
券 문서 권

직역 : 세금을 매기지 않는 높은 수익의 채권 / 非課稅 – 세금을 매기지 않음.
高收益 – 수익이 높음. 높은 수익. 債券 – 빚 문서

풀이 : 불입액 가운데 30%를 신용등급 B 및 BB 이하 채권과 기업어음에 투자하는 대신
이자 · 배당소득세가 면제되고, 공모주 배정의 혜택을 받는 펀드

정부가 금융시장 안정과 고위험 · 고수익 채권시장의 활성화를 위해 2001년 8월부터 도입했다. 가입 1년 이내에 해지할 경우에는 비과세 혜택이 사라짐과 동시에 정상 과세되고, 이후에는 완전 비과세가 보장된다. 편입채권과 기업어음에 부도가 발생할 경우, 이에 따른 실제 수익률이 기대 수익률에 미치지 못할 수도 있다.

私募펀드 사모펀드 Private Equity Fund

한자 : 私 사사로울 사 / 募 모을 모

직역 : 사사로이 모음. 개인적으로 모음

풀이 : 소수의 투자자로부터 모은 자금을 주식·채권 등에 운용하는 펀드

30명 이하의 투자자로부터 자금을 받거나 기관투자자 등으로만 구성된 펀드를 말한다. 비공개로 투자자들을 모집하여 자산가치가 저평가된 기업에 자본참여를 하게 하여 기업 가치를 높인 다음 기업주식을 되파는 전략을 취한다. 공모펀드와는 달리 운용에 제한이 없는 만큼 자유로운 운용이 가능하다. ↔ 共募펀드(공모펀드 : 불특정 다수의 투자자로부터 자금을 모아서 운용 하는 펀드)

轉換形펀드 전환형 펀드

한자 : 轉 구를 전 / 換 바꿀 환 / 形 모양 형

직역 : 굴려서 바꿈. 다른 방향이나 상태로 바뀌거나 바꿈

풀이 : 투자자가 시장상황에 따라 현재 가입하고 있는 펀드에서 다른 펀드로 전환할 수 있도록 하는 펀드

스폿펀드 Spot Fund

풀이 : 단기투자로 목표수익률을 달성하기 위하여 운용되는 펀드

펀드매니저들이 주식시장에서 인기주로 떠오를 가능성이 있다고 예측한 20~30개 특정 종목군의 주식들을 소규모로 묶어 집중적으로 투자한다. 투자대상을 넓혀 주식 외에 장외주식이나 전환사채 등에 투자하는 경우도 있다.

엔터테인먼트펀드 Entertainment Fund

풀이 : 인터넷을 통해 영화나 음반 등 문화사업의 제작비에 투자함으로써 그 수익금을 배당받는 펀드. 엔터펀드 또는 네티즌 펀드라고도 함

域外펀드 역외펀드 Off-Shore Fund

한자 : 域 지경 **역** / 外 바깥 **외**

직역 : 국경의 바깥

풀이 : 유가증권 매매차익에 대해 과세하지 않거나 엄격한 규제가 없는 지역에 설립하는 펀드

유가증권 매매에 따른 세금이나 각종 규제를 피할 목적으로 조세회피지역 등 제3국에 설립하는 경우가 많다.

인덱스펀드 Index Fund

풀이 : 주가지표의 변동과 동일한 투자성과의 실현을 목표로 구성된 포트폴리오

증권시장의 장기적 성장 추세를 전제로 하여 주가지표의 움직임에 연동되게 포트폴리오를 구성하여 운용함으로써 시장의 평균 수익을 실현하는 것을 목표로 하는 포트폴리오 운용기법이다.

還買手數料

환 매 수 수 료

한자 : 還 돌아올 환 / 買 살 매 / 手 손 수 / 數 셈 수 / 料 요금 료

직역 : 환매에 대한 수수료 / 還買 – 도로 삼. 手數料 – 어떤 일을 손봐준 것에 대해 받는 요금

풀이 : 투자 신탁을 중도 해약할 때에 투자자가 증권 회사에 내는 수수료

還 은 睘+辶이다. 睘(고리 환)이 뜻·음이고 辶(辵)(쉬엄쉬엄갈 착)은 뜻이다. 睘은 눈을 크게 뜨고 가슴에 걸고 있는 옥고리를 보고 있는 모습니다. 둥글거나 도는 것을 표현하고 '환' 이라는 음을 나타내는데 많이 사용된다. 環(고리 환), 圜(두를 환), 澴(소용돌이칠 환) 등에서 확인된다. 還(돌아올 환)은 둥글게 돌아서 가는 것이므로 '돌아오다' 가 본뜻이다.

買 는 罒+貝다. 罒(网)(그물 망)과 貝(조개 패)가 모두 뜻이다. 貝는 재물, 돈이다. 그물로 조개를 거두어들이듯 물건을 사들이는 것을 표현한 것이다.

手 는 손의 모양을 본떠 만든 글자이다. 다섯 손가락과 손목이 보인다. 손은 여러 가지 일을 할 수 있으므로 '기술', '잘하는 사람' 등의 뜻으로 사용된다.

數 는 婁+攵이다. 婁(성길 루)는 뜻·음이고 攵(攴)(칠 복)은 뜻이다. 婁는 여자가 머리에 물건을 이고 있는 모양이다. '포개다' 가 본뜻이다. 攵

(攵)은 손(又)으로 막대기(卜)를 잡고 있는 모양이다. 이 글자가 들어가면 무언가를 '치다', '때리다' 등과 관련된 뜻을 가지게 된다. 물건을 셀 때 손에 막대기를 들고 탁탁 치면서 물건을 포개어 놓는 모습을 표현한 것이다. '세다', '셈하다', '수' 라는 뜻으로 사용된다.

料 는 米+斗이다. 米(쌀 미)와 斗(말 두)가 모두 뜻이다. 斗는 곡식을 되는 용기이다. '말'이라고 한다. 料(헤아릴 료)는 곡식을 말로 되는 것이다. '되질하다', '헤아리다'가 본뜻이다.

還買手數料는 還買를 처리해주고(手) 그것을 계산하여(數) 받는 요금(料)이다. 환매는 일단 남에게 팔았던 물건을 도로 사들이는 것이다.
투자신탁의 경우, 고객이 계약기간 이전에 해약하게 되면 이에 대한 위약 사항으로서 과징금 성격의 수수료를 부담시킨다.
증권사 입장에서는 고객이 중도에 투자신탁을 해약하는 것이 물건을 도로 사들이는 환매에 해당한다.

會 計
회   계

한자 : 會 모일/셈 회 / 計 셀 계

직역 : (나가고 들어오는 돈을 따져서) 셈을 함

풀이 : 개인이나 기업 따위의 경제활동 상황을 일정한 계산방법으로 기록하고 정보화하는
일련의 과정이나 체계

會 는 뚜껑(亼)이 있는 그릇(曰)에 고기(畾)가 담겨 있는 모양이다. 제사를 지내기 위한 모임을 위해 고안된 글자이다. '모이다', '모으다' 라는 뜻으로 사용된다. 혹은 제사보다는 고기(畾)에 주목하여 '날고기' 가 본뜻이라는 설명도 있다. 이 경우에는 '모이다' 가 파생의이며 본뜻을 위해서 月(肉)을 덧붙여 膾(회 회)를 따로 만든 것이 된다.

計 는 言+十이다. 言(말씀 언)과 十(열 십)이 모두 뜻이다. 計(셀 계)에 대해서는 두 가지 설명이 가능하다. 하나는, 言은 입에서 소리가 나오는 것을 표현한 것이고 十은 열이다. 열을 세는 것이다. 다른 하나는, 言은 관악기를 부는 모습이고 十은 그것을 재는 '자' 이다. 관악기의 길이를 재는 것이다. 어느 쪽이나 '세다', '헤아리다' 라는 뜻이 설명된다.

會計는 특정한 경제적 실체에 관하여 이해관계를 가진 사람들에게 합리적인 의사결정을 하는 데 유용한 재무정보를 제공하기 위한 목적으로 행해진다. 회계가 제공하는 정보는 화폐액으로 나타내주는 것이므로, 화폐액으로 나타낼 수 없는 현상은 회계대상에서 제외된다.

粉飾會計
분 식 회 계

한자 : 粉 가루 **분** / 飾 꾸밀 **식** / 會 모일/셈 **회** / 計 셀 **계**

직역 : 분칠하여 꾸민 셈.

粉飾 – 분칠하여 꾸밈. 會計 – (나가고 들어오는 돈을 따져서) 셈을 함

풀이 : 기업이 재정 상태나 경영 실적을 실제보다 좋게 보이게 할 목적으로 부당한
방법으로 자산이나 이익을 부풀려 계산하는 회계

粉 은 米+分이다. 米(쌀 미)가 뜻이고 分(나눌 분)은 뜻·음이다. 곡식을 잘게 나누는 것이니 '빻다', '가루' 가 본뜻이다.

飾 은 食+亻+巾이다. 食(먹을 식)이 음이고 亻인과 巾(수건 건)은 뜻이다. 은 사람이 수건으로 무엇을 깨끗이 털어내는 것이다. '꾸미다', '장식하다' 가 본뜻이다.

粉飾會計는 경영부실을 감추기 위한 회계조작이다. 자산의 과대평가, 비용과 부채의 과소계상, 거짓 매출의 계상 등의 방법을 쓴다. 이런 행위는 기업과 관계된 이해당사자에게 손해를 끼치고 탈세와도 관계되므로 법에서 금지하고 있다.

粉飾決算 분식결산

한자 : 粉 가루 **분** / 飾 꾸밀 **식** / 決 터질/끊을/결정할 **결** / 算 셈 **산**

직역 : 꾸며서 결산함 / 決算 – 끊어서 셈함

213

풀이 : 영업상의 수지 계산을 할 때에 이익을 실제 이상으로 계상(計上)하는 일

逆粉飾 역분식

한자 : 逆 거스를 역 / 粉 가루 분 / 飾 꾸밀 식

직역 : 분식을 반대로 함 / 逆 – 거꾸로, 반대임

풀이 : 이익을 실제보다 줄이거나 비용 · 충당금을 부풀리는 방식으로, 회사가 큰 이익을
냈을 경우에 생기는 임금인상 요구나 세금의 부담을 덜기 위해 사용됨

損益計算書 손익계산서 Income Statement

한자 : 損 덜 손 / 益 더할 익 / 計 셀 계 / 算 셈 산 / 書 글 서

직역 : 손해와 이익을 계산해서 나타낸 글 / 損益 – 손해와 이익. 計算 – 셈

풀이 : 기업의 경영성과를 밝히기 위하여 일정기간 내에 발생한 모든 수익과 비용을
대비시켜 당해 기간의 순이익을 계산 · 확정하는 보고서

財務諸表

재 무 제 표

한자 : 財 재물 재 / 務 힘쓸/일 무 / 諸 여러 제 / 表 겉/나타낼/표 표

직역 : 재무에 대한 모든 표 / 財務 – 재물에 관한 일. 諸 – 여러. 모든

풀이 : 회계실체의 일정기간(회계기간) 동안의 경제적 사건과 그 기간 말에 있어서의 경제적 상태를 나타내기 위한 일련의 회계보고서

財 는 貝+才이다. 貝(조개 패)는 뜻이고, 才(재주 재)는 음이다. 貝가 들어간 한자는 대개 '돈', '재물', '귀한 것', '상업'과 관계가 깊다. 才가 들어가는 글자는 財, 材(재목 재)에서 알 수 있듯 대체로 '재'로 읽는다. 財는 '재물'이라는 뜻이다.

務 는 敄 +力이다. 敄 가 음이고 力(힘 력)은 뜻이다. 일을 하는 데 힘을 쓴다는 뜻이다. 敄 는 음요소이다. 堥(언덕 무), 瞀(침침할 무), 騖(달릴 무) 등에서 확인할 수 있다.

諸 는 言+者다. 言(말씀 언)이 뜻이고 者(사람 자)는 음이다. '모두', '여럿' 등의 뜻을 나타내기 위해 만들었다.

表 는 主+衣 다. 主(毛)(털 모)와 衣 (衣)(옷 의)가 모두 뜻이다. 본뜻은 '털옷'이다. 털옷은 겉옷이니 '겉', '나타내다'라는 뜻을 가지게 되었다. 이와 반대되는 한자가 裏(속 리)이다. 衣가 뜻이고 里는 음이다. 속에 입는 옷, 속이다.

財務諸表는 결산보고서라고도 하며, 경영실적과 재정상태를 주주에게 보고할 목적으로 작성되는 각종 서류를 말한다. 재무제표를 통해 기업이 어떻게 운영되고 있는지를 알 수 있다. 또 앞으로 해당 기업의 경영성과를 예측할 수도 있다.

結合財務諸表 결합재무제표 Combined Financial Statement

한자 : 結 맺을 결 / 合 합할 합 / 財 재물 재 / 務 힘쓸 무 / 諸 여러 제 / 表 겉/나타낼/표 표

직역 : 묶어서 합친 제무제표 / 結合 - 맺거나 묶어서 합침

풀이 : 재벌 총수가 경영을 지배하고 있는 국내외 모든 계열사를 하나의 기업으로 간주해 작성하는 재무제표

계열사 간에 이루어지는 내부거래를 相計(상계)하여 작성하기 때문에 계열사 간의 지원관계, 현금의 흐름 등이 드러나게 된다. 이해관계에 있는 주주들에게 그룹의 실질적인 경영 및 재정상태를 파악하는 데 유용한 정보를 제공하는 데 목적이 있다.

聯結財務諸表 연결재무제표 Consolidated Financial Statements

한자 : 聯 연할 련 / 結 맺을 결 / 財 재물 재 / 務 힘쓸 무 / 諸 여러 제 / 表 겉/나타낼/표 표

직역 : 이어서 묶은 재무제표 / 聯結 - 서로 이어서 맺음

풀이 : 지배·종속 관계에 있는 2개 이상의 회사를 단일 기업집단으로 보아 각각의 개별 재무제표를 종합하여 작성하는 재무제표

법적으로는 독립된 기업이라도 경제적으로 상호 밀접하게 연결되어 있는 기업들을 하나의 조직체로 보고 작성한 재무제표이다. 이 제도는 경제적 통일체로서의 기업의 실태를 파악하는 데 유용하며 모회사가 자회사를 이용하여 분식비리를

막는 데에도 유효하다.

貸借對照表 대차대조표 Balance Sheet

한자 : 貸 빌려줄 대 / 借 빌릴 차 / 對 대할 대 / 照 비칠 조 / 表 겉/나타낼/표 표

직역 : 대출과 차입을 맞대어 비춰본 표 / 貸借 – 꾸어 줌과 꾸어 옴. 對照 – 맞대어 비춤

풀이 : 일정 시점에 있어서 기업의 자산과 이에 대한 채권자 및 소유자의 청구권(지분)을
      대조 표시한 보고서

連結貸借對照表 연결대차대조표 Consolidated Balance Sheet

한자 : 連 이을 련 / 結 맺을 결 / 貸 빌려줄 대 / 借 빌릴 차 / 對 대할 대 / 照 비칠 조 / 表 겉/나타낼/표 표

직역 : 連結 – 서로 이어서 맺음. 貸借 – 꾸어 줌과 꾸어 옴. 對照 – 맞대어 비춤

풀이 : 지배 · 종속 관계에 있는 회사를 단일 기업집단으로 보아 기업집단의 재정상태를
      종합적으로 표시하기 위하여 작성하는 대차대조표

법적으로 독립되어 있는 모회사와 자회사, 본점과 지점의 대차대조표를 하나로
묶음으로써 해당 기업집단 전체의 재정상태를 정확히 밝히는 데 목적이 있다.

財 政

재   정

한자 : 財 재물 재 / 政 정사 정

직역 : 재물을 다스림

풀이 : 국가 또는 지방자치단체가 행정활동이나 공공정책을 시행하기 위하여 자금을 만들어
　　　 관리하고 이용하는 경제 활동

참고어 : 예산(豫算)—국가나 단체에서 한 회계 연도의 수입과 지출을 미리 셈하여 정한 계획

財 는 貝+才이다. 貝(조개 패)는 뜻이고, 才(재주 재)는 음이다. 貝가 들어
간 한자는 대개 '돈', '재물', '귀한 것', '상업'과 관계가 깊다. 才가
들어가는 글자는 財, 材(재목 재)에서 알 수 있듯 대체로 '재'로 읽는다. 財는
'재물'이라는 뜻이다.

政 은 正+攵(攴)이다. 正(바를 정)은 뜻·음이고 攴(칠 복)은 뜻으로만 쓰였
다. 攴이 한자의 오른쪽에 올 때는 攵으로 바뀐다. 잘못된 것을 바로
잡아 다스리는 것이 정사다. 政은 '정사', '바로잡다'라는 뜻이다.

財政이란 돈에 관한 여러 가지 일이다. 즉 돈을 조달, 관리, 사용하는 것과 관
련된 일체의 것이다. 財政은 국가나 공공단체의 경제활동을 뜻하는 公財政
(공재정)과 개인·가계·기업 따위의 경제활동을 뜻하는 私財政(사재정)이 있
다. 公(공평할 공)과 私(개인 사)는 뜻이 상대되는 말이다. 국가나 지방자치단체
의 재정은 예산의 집행이라는 형태로 행해진다. 먼저 필요한 지출내용을 결정
한 뒤 이에 맞게 수입을 확보하는 量出計入(양출계입)을 실시하는 특징이 있다.

豫 算
예 산

한자 : 豫 미리 예 / 算 셈 산

직역 : 미리 계산함

풀이 : 국가 또는 단체에서 한 회계 연도의 수입과 지출을 미리 셈하여 정한 계획

참고어 : 세입(稅入), 세입(歲入)·세출(歲出)

豫 는 子+象이다. 子(나 여)가 음이고 象(코끼리 상)은 뜻이다. 본뜻은 '예' 라는 이름의 큰 코끼리이다. 나중에 '미리'라는 뜻으로 가차되었다.

算 은 竹+昇다. 竹(대 죽)과 昇(具)(갖출 구)가 모두 뜻이다. 竹은 숫자를 셀 때 사용하던 '산가지'이다. 긴 나뭇가지를 갖추고 수를 세거나 셈을 하는 것이다.

경제용어로서의 豫算이라 하면 일반적으로 국가나 지방자치단체의 수입·지출에 관한 계획을 말한다(넓게는 개인의 재정 계획도 포함함).

국가의 재정은 규모가 거대하며, 영리가 아닌 국민과 사회의 수요 충족을 목적으로 하며 직접적 이해·책임관계가 성립하지 않는 관료에 의해 운영된다.

그러므로 효과적인 재정 운영을 위해 미리 수입과 지출에 대한 계획서를 만들고, 그것을 기준으로 운영해 나가는 것이다.

따라서 예산은 회계연도의 세출이 세입과 함께 기록된다. 또한 국민경제에 중요한 영향을 끼치는 국가 활동이기 때문에 반드시 국회의 심의·의결을 거치게 된다(재정법치주의).

대부분의 국가에서는 재정에 관한 계획서를 심의·의결하는 것이 국회의 중요한 권한이자 임무로 되어 있다. 국회의 의결을 거쳐서 성립된 예산은 정부를 구속하는 힘을 갖는다.

健全財政 건전재정 Sound Finance

한자 : 健 굳셀 건 / 全 온전할 전 / 財 재물 재 / 政 정사 정

직역 : 건전한 재정 / 健全 – 튼튼하고 온전함. 財政 – 재물을 다스리는 일

풀이 : 세출(歲出)이 세입(歲入)의 범위 내에서 충당되고, 공채발행(公債發行)이나 차입(借入)이 없는 재정 = 균형재정

健全은 탈 없이 건강하고 온전한 것이다. 국가가 빚을 내지 않고, 지출이 수입과 비슷하거나 낮아야 재정이 건전하다고 할 수 있다. 씀씀이가 절도를 갖추는 것이다. 대개의 나라는 건전재정주의를 원칙으로 하고 있다. 赤字財政(적자재정)에 대응하는 개념이다.

均衡財政 균형재정 Balanced Finance

한자 : 均 고를 균 / 衡 저울대 형 / 財 재물 재 / 政 정사 정

직역 : 균형을 이룬 재정 / 均衡 – 고르고 치우치지 않음. 財政 – 재물을 다스리는 일

풀이 : 국가의 수입과 지출이 균형을 이루어 흑자도 적자도 없는 재정

均衡財政은 예산의 경상수입과 경상지출이 일치하여 균형을 이룬 경우다. 均은 크기나 양 따위가 차이나지 않고 한결같이 고른 것이고 衡은 치우치지 않는 것이니 均衡은 어느 한쪽으로 기울거나 치우치지 않고 고른 상태를 말한다. 衡의 훈인 저울대는 대저울의 눈금이 새겨져 있는 몸 부분이다. 혹은 저울추를 거는 막대기를 저울대라고도 한다. 衡은 '저울대', '무게를 달다', '평형을 이루다'는 뜻을 가진다.

赤字財政 적자재정

한자 : 赤 붉을 적 / 字 글자 자 / 財 재물 재 / 政 정사 정

직역 : 적자 상태인 재정 / 赤字 – 붉은 글자 → 지출이 수입보다 많아서 생기는 결손액. 장부에 기록할 때 붉은 글자로 기입한 데서 유래함

풀이 : 조세 같은 경영 수입이 지출보다 부족하여 그 예산이 적자 상태인 국가 재정

黑字財政 흑자재정 Surplus Finance

한자 : 黑 검을 흑 / 字 글자 자 / 財 재물 재 / 政 정사 정

직역 : 흑자 상태인 재정 / 黑字 – 검은 글자 → 수입이 지출보다 많아 잉여 이익이 생기는 일. 수입 초과액을 표시할 때 검은 글자로 기입한 데서 유래함

풀이 : 공채, 차입금 이외의 세입이 공채 원본의 상환을 차감한 세출을 초과하는 재정. 흑자 예산 같은 의미이나 재정에 중점을 둘 경우 黑字財政이라고 함

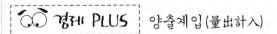

경제 PLUS | 양출계입(量出計入)

나가는 것을 헤아려 들어오는 것을 계산한다는 뜻으로, 먼저 지출(支出)을 헤아려(量) 보고 그에 맞도록 수입(收入)을 계획하는(計) 것을 말한다. 오늘날 재정 운용에 적용되는 원칙으로, 중국 당나라 덕종 때 양염이 주장한 세법에서 비롯되었다. 양출제입(量出制入: 나가는 것을 헤아려 들어올 것을 정함)이라고도 한다. 이와 반대되는 개념으로는 양입제출(量入制出: 들어올 것을 헤아려 나갈 것을 정함)이 있다. 개인이나 민간 경제에서는 수입에 맞추어 지출을 결정하는 양입제출이 일반적이다.

기본을 다시 세우는

四字小學
사 자 소 학

*『四字小學』 주희의 소학과 경전의 내용을 뽑아서 알기 쉽게 四字一句의 생활한자로 편집한 한자학습의 입문서로써, 어린이들의 초학교재이다. 사자소학에는 부모님에 대한 효도, 형제간의 우애, 친구간의 우정, 스승 섬기기, 바람직한 대인관계 등 올바른 마음가짐을 갖기 위한 기본적인 행동철학이 담겨져 있다

孝行篇

父生我身(부생아신)하시고   아버지는 내 몸을 낳으시고

母鞠吾身(모국오신)이로다   어머니는 내 몸을 기르셨다.

腹以懷我(복이회아)하시고   배로써 나를 품어 주시고

乳以哺我(유이포아)로다   젖으로써 나를 먹여 주셨다.

以衣溫我(이의온아)하시고   옷으로써 나를 따뜻하게 하시고

以食飽我(이식포아)로다   밥으로써 나를 배부르게 하셨다.

恩高如天(은고여천)하시고   은혜는 높기가 하늘과 같으시고

德厚似地(덕후사지)하시니   덕은 두텁기가 땅과 같으시니

爲人子者(위인자자)가   사람의 자식된 자가

曷不爲孝(갈불위효)리오   어찌 효도를 하지 않겠는가?

欲報其德(욕보기덕)인댄   그 은덕을 갚고자 하면

昊天罔極(호천망극)이로다   하늘처럼 다함이 없다.

晨必先起(신필선기)하야   새벽에는 반드시 먼저 일어나

必洗必漱(필선필수)하며   반드시 세수하고 반드시 양치질하며,

昏定晨省(혼정신성)하고   저녁엔 잠자리를 정하고 새벽엔 문안을 살피고,

冬溫夏淸(동온하정)하라   겨울엔 따뜻하고 여름엔 시원하게 해 드려라.

父母呼我(부모호아)어시든   부모님께서 나를 부르시거든

唯而趨進(유이추진)하고   빨리 대답하고 달려 나가고

父母使我(부모사아)어시든　　　　부모님께서 나를 부리시거든
勿逆勿怠(물역물태)하라　　　　　거스르지 말고 게을리하지 말라.

父母有命(부모유명)이어시든　　　부모님께서 명하는 것이 있으시거든
俯首敬聽(부수경청)하라　　　　　머리를 숙이고 공경히 들어라.
坐命坐聽(좌명좌청)하고　　　　　앉아서 명하시면 앉아서 듣고
立命立聽(입명입청)하라　　　　　서서 명하시면 서서 들어라.

父母出入(부모출입)이어시든　　　부모님께서 출입하시거든
每必起立(매필기립)하라　　　　　매번 반드시 일어나 서라.
父母衣服(부모의복)을　　　　　　부모님의 의복을
勿踰勿踐(물유물천)하라　　　　　넘어 다니지 말고 밟지 말라.

父母有疾(부모유질)이어시든　　　부모님께서 병을 앓으시거든
憂而謀愁(우이모수) 하라　　　　　근심하고 낫게 하기를 꾀하라.
對案不食(대안불식)이어시든　　　밥상을 대하시고서 잡수시지 않으시거든
思得良饌(사득양찬)하라　　　　　좋은 음식을 장만할 것을 생각하라.

出必告之(출필곡지)하고　　　　　밖에 나갈 때에는 반드시 아뢰고
反必面之(반필면지)하라　　　　　돌아오면 반드시 뵈어라.
愼勿遠遊(신물원유)하고　　　　　부디 먼 곳에 가서 놀지 말며
遊必有方(유필유방)하라　　　　　놀더라도 반드시 일정한 곳이 있게 하라.

出入門戶(출입문호)어든　　　　　문호를 출입할 때에는

開閉必恭(개폐필공)하라 　　　　문을 여닫기를 반드시 공손하게 하라.

勿立門中(물립문중)하고 　　　　문 한가운데 서지 말고

勿坐房中(물좌방중)하라 　　　　방 한가운데 앉지 말라

行勿慢步(행물만보)하고 　　　　걸어갈 때에 걸음을 거만하게 걷지 말고

坐勿倚身(좌물의신)하라 　　　　앉을 때에 몸을 기대지 말라

口勿雜談(구물잡담)하고 　　　　입으로는 잡담을 하지 말고

手勿雜戲(수물잡희)하라 　　　　손으로는 장난을 하지 말라.

膝前勿坐(슬전물좌)하고 　　　　부모님 무릎 앞에 앉지 말고

親面勿仰(친면물앙)하라 　　　　부모님의 얼굴을 똑바로 쳐다보지 말라.

須勿放笑(수물방소)하고 　　　　모름지기 큰소리로 웃지 말고

亦勿高聲(역물고성)하라 　　　　또한 큰소리로 말하지 말라.

侍坐父母(시좌부모)어든 　　　　부모님을 모시고 앉아 있거든

勿怒責人(물노책인)하라 　　　　성내어 다른 사람을 꾸짖지 말라.

侍坐親前(시좌친전)이어든 　　　부모님 앞에 모시고 앉아 있거든

勿踞勿臥(물거물와)하라 　　　　걸터앉지 말며 눕지 말라.

獻物父母(헌물부모)어든 　　　　부모님께 물건을 바치거든

而跪進之(이궤유지)하라 　　　　꿇어앉아서 올려라.

與我飮食(여아음식)이어시든 　　나에게 음식을 주시거든

而跪受之(이궤수지)하라 　　　　꿇어앉아서 받아라.

器有飲食(기유음식)이라도 　그릇에 음식이 있어도
不與勿食(불여물식)하라 　주시지 않으면 먹지 말라.
若得美味(약득미미)어든 　만약 맛있는 음식을 얻으면
歸獻父母(귀헌부모)하라 　돌아가 부모님께 드려라.

衣服雖惡(의복수악)이나 　의복이 비록 나쁘더라도
與之必著(여지필저)하라 　주시면 반드시 입어라.
飲食雖厭(음식수염)이나 　음식이 비록 먹기 싫더라도
與之必食(여지필식)하라 　주시면 반드시 먹어라.

父母無衣(부모무의)어시든 　부모님이 입으실 옷이 없으시면
勿思我衣(물사아의)하며 　내가 입을 옷을 생각지 말며
父母無食(부모무식)이어시든 　부모님이 드실 음식이 없으시거든
勿思我食(물사아식)하라 　내가 먹을 음식을 생각지 말라.

身體髮膚(신체발부)를 　신체와 머리털과 피부를
勿毀勿傷(물훼물상)하라 　훼손하지 말며 상하지 말라.
衣服帶靴(의복대화)를 　의복과 허리띠와 신발을
勿失勿裂(물실물렬)하라 　잃어버리지 말며 찢지 말라.

父母愛之(부모애지)어시든 　부모님께서 사랑해 주시거든
喜而勿忘(희이물망)하라 　기뻐하며 잊지 말라.
父母責之(부모책지)어시든 　부모님께서 꾸짖으시거든
反省勿怨(반성물원)하라 　반성하고 원망하지 말라.

勿登高樹(물등고수)하라   높은 나무에 올라가지 말라

父母憂之(부모우지)시니라   부모님께서 근심하시느니라.

勿泳深淵(물영심연)하라   깊은 연못에서 헤엄치지 말라

父母念之(부모념지)시니라   부모님께서 염려하시느니라.

勿與人鬪(물여인투)하라   남과 더불어 다투지 말라

父母不安(부모불안)이시니라   부모님께서 불안해하시느니라.

室堂有塵(당실유진)이어든   방과 거실에 먼지가 있거든

常必灑掃(상필쇄소)하라   항상 반드시 물 뿌리고 청소하라.

事必稟行(사필품행)하고   일은 반드시 여쭈어 행하고

無敢自專(무감자전)하라   감히 자기 멋대로 하지 말라.

一欺父母(일사부모)면   한번이라도 부모님을 속이면

其罪如山(기죄여산)이니라   그 죄가 산과 같다.

雪裏求筍(설리구순)은   눈 속에서 죽순을 구한 것은

孟宗之孝(맹종지효)요   맹종의 효도이고,

剖氷得鯉(부빙득리)는   얼음을 깨고서 잉어를 잡은 것은

王祥之孝(왕상지효)니라   왕상의 효도이다.

我身能賢(아신능현)이면   내 몸이 능히 어질면

譽及父母(예급부모)니라   명예가 부모님께 미치느니라.

我身不賢(아신불현)이면   내 몸이 어질지 못하면

辱及父母(욕급부모)니라   욕이 부모님께 미치느니라.

追遠報本(추원보원)하야　　　　먼 조상을 추모하고 근본에 보답하여

祭祀必誠(제사필성)하라　　　　제사를 반드시 정성스럽게 지내라.

非有先祖(비유선조)면　　　　　선조가 계시지 않았으면

我身曷生(아신갈생)이리오　　　내 몸이 어디서 생겨났겠는가?

事親如此(사친여차)면　　　　　부모를 섬기는 것이 이와 같으면

可謂孝矣(가위효의)니라　　　　효도한다고 이를 수 있다.

不能如此(불능여차)면　　　　　능히 이와 같이 하지 못하면

禽獸無異(금수무이)니라　　　　금수와 다름이 없느니라.

忠孝篇

學優則仕(학우즉사)하야
학문이 넉넉하면 벼슬을 해서

爲國盡忠(위국진충)하라
나라를 위해 충성을 다하고,

敬信節用(경신절용)하야
조심해서 미덥게 일하며 재물을 아껴 써서

愛民如子(애민여자)하라
백성을 사랑함은 자식과 같게 하라.

人倫之中(인륜지중)에
인륜의 가운데에

忠孝爲本(충효위본)이니
충과 효가 근본이 되니

孝當竭力(효당갈력)하고
효도는 마땅히 힘을 다해야 하고

忠則盡命(충즉진명)하라
충성은 목숨을 다해야 한다.

齊家篇

夫婦之倫(부부지륜)은　　　　　부부의 인륜은

二姓之合(이성지합)이니　　　　두 성씨가 합한 것이니

内外有別(내외유별)하야　　　　남편과 아내는 분별이 있어서

相敬如賓(상경여빈)하라　　　　서로 공경하기를 손님처럼 하라.

夫道和義(부도화의)요　　　　　남편의 도리는 온화하고 의로운 것이요

婦德柔順(부덕유순)이니라　　　부인의 덕은 유순한 것이니라.

夫唱婦隨(부창부수)면　　　　　남편이 선창하고 부인이 이에 따르면

家道成矣(가도성의)리라　　　　가도가 이루어 질 것이다.

兄弟篇

兄弟姉妹(형제자매)는 　　　　형제와 자매는

同氣而生(동기이생)이니 　　　한 기운을 받고 태어났으니

兄友弟恭(형우제공)하야 　　　형은 우애하고 아우는 공손히하여

不敢怨怒(불감원노)니라 　　　감히 원망하거나 성내지 말아야 한다.

骨肉雖分(골육수분)이나 　　　뼈와 살은 비록 나누어 졌으나

本生一氣(본생일기)요 　　　　본래 한 기운에서 태어났으며,

形體雖異(형체수이)나 　　　　형체는 비록 다르나

素受一血(소수일혈)이니라 　　본래 한 핏줄을 받았느니라.

比之於木(비지어목)하면 　　　나무에 비유하면

同根異枝(동근이지)며 　　　　뿌리는 같고 가지는 다른 것과 같고,

比之於水(비지어수)하면 　　　물에 비하면

同源異流(동원이류)니라 　　　근원은 같고 흐름은 다른 것과 같다.

兄弟怡怡(형제이이)하야 　　　형제는 서로 화합하여

行則雁行(행즉안행)하라 　　　길을 갈 때는 기러기 떼처럼 나란히 가라.

寢則連衾(침즉연금)하고 　　　잠잘 때에는 이불을 나란히 덮고

食則同牀(식즉동상)하라 　　　밥 먹을 때에는 밥상을 함께 하라.

分毋求多(분모구다)하며 　　　나눌 때에 많기를 구하지 말며

有無相通(유무상통)하라 　　　있고 없는 것을 서로 통하라.

私其衣食(사기의식)이면　　　　　형제간에 그 의복과 음식을 사사로이하면
夷狄之徒(이적지도)니라　　　　　오랑캐의 무리이다.

兄無衣服(형무의복)이어든　　　　형이 의복이 없거든
弟必獻之(제필헌지)하고　　　　　아우가 반드시 드리고,
弟無飮食(제무음식)이어든　　　　아우가 음식이 없거든
兄必與之(형필여지)하라　　　　　형이 반드시 주어라.

一杯之水(일배지수)라도　　　　　한 잔의 물이라도
必分而飮(필분이음)하고　　　　　반드시 나누어 마시고
一粒之食(일립지식)이라도　　　　한 알의 음식이라도
必分而食(필분이식)하라　　　　　반드시 나누어 먹어라.

兄雖責我(형수책아)나　　　　　　형이 비록 나를 꾸짖더라도
莫敢抗怒(막감항노)하고　　　　　감히 항거하고 성내지 말고.
弟雖有過(제수유과)나　　　　　　아우가 비록 잘못이 있더라도
須勿聲責(수물성책)하라　　　　　모름지기 큰소리로 꾸짖지 말라.

兄弟有善(형제유선)이어든　　　　형제간에 잘한 일이 있으면
必譽于外(필예우외)하고　　　　　반드시 밖에 칭찬하고,
兄弟有失(형제유실)이어든　　　　형제간에 잘못이 있으면
隱而勿揚(은이물양)하라　　　　　숨겨 주고 드러내지 말라.

兄弟有難(형제구난)이면　　　　　형제가 어려움이 있으면

悶而思救(민이사구)하라 　　　서로 걱정하고 구해야 한다

兄能如此(형능여차)면 　　　　형이 이와 같다면

弟亦效之(제역효지)하라 　　　동생은 본 받아라

我有歡樂(아유환락)이면 　　　나에게 기쁨과 즐거움이 있으면

兄弟亦樂(형제역락)하고 　　　형제들도 즐거워하고,

我有憂患(아유우환)이면 　　　나에게 근심과 걱정이 있으면

兄弟亦憂(형제역우)니라 　　　형제들도 근심하느니라.

雖有他親(수유타친)이나 　　　비록 다른 친척이 있으나

豈若兄弟(개약형제)리오 　　　어찌 형제간과 같겠는가?

兄弟和睦(형제화목)이면 　　　형제가 화목하면

父母喜之(부모희지)시니라 　　부모님께서 기뻐하시느니라.

師弟篇

事師如親(사사여친)하야   스승 섬기기는 어버이와 같이 해서

必恭必敬(필공필공)하라   반드시 공손히 하고 반드시 공경하라.

先生施敎(선생시교)어시든   선생님께서 가르침을 베풀어주시거든

弟子是則(제자시즉)하라   제자들은 이것을 본받아라.

夙興夜寐(숙흥야매)하야   아침 일찍 일어나고 밤늦게 자서

勿懶讀書(물나독서)하라   책 읽기를 게을리 하지 말라.

勤勉工夫(근면공부)하면   공부를 부지런히 힘쓰면

父母悅之(부모열지)시니라   부모님께서 기뻐하시느니라.

始習文字(시습문자)에는   글자를 익힐 때는

字劃楷正(자획해정)하며   글자 획을 바르게 알며

書冊狼藉(서책낭적)하며   책을 어지럽히지 말며

每必整頓(매필정돈)하라   반드시 정돈하라

能孝能悌(능효능제)가   부모님께 효도하고 웃어른을 공경할 수 있는 것은

莫非師恩(막비사은)이니라   스승의 은혜 아닌 것이 없느니라.

能知能行(능지능행)이   알 수 있고 행할 수 있는 것은

總是師功(총시사공)이니라   두 스승의 공이니라.

敬長篇

長者慈幼(장자자유)하고   어른은 어린이를 사랑하고

幼者敬長(유자경장)하라   어린이는 어른을 공경하라.

長者之前(장자지전)엔   어른의 앞에서는

進退必恭(진퇴필공)하라   나아가고 물러날 때 반드시 공손히 하라.

年長以倍(연장이배)어든   나이가 많아 곱절이 되거든

父以事之(부이사지)하고   아버지로 섬기고

十年以長(십년이장)이어든   열 살이 더 많으면

兄以事之(형이사지)하라   형으로 섬겨라.

我敬人親(경노인친)이면   내가 다른 사람의 어버이를 공경하면

人敬我親(인경아친)하고   다른 사람이 내 어버이를 공경하고,

我敬人兄(아경인형)이면   내가 다른 사람의 형을 공경하면

人敬我兄(인경아형)이니라   다른 사람이 내 형을 공경하느니라.

賓客來訪(빈객래방)이면   손님이 찾아오시면

接待必誠(접대필성)하라   접대를 반드시 정성껏 하라

賓客不來(빈객불래)면   손님이 찾아오지 않으면

門戶寂寞(문호적막)이라   집안이 적막하다

朋 友 篇

人之在世(인지재세)에   사람이 세상에 있으면서

不可無友(불가무우)니   친구가 없을 수 없으니

以文會友(이문회우)하고   글로써 벗을 모으고

以友輔仁(이우보인)하라   벗으로써 인을 도와라.

友其正人(우기정인)이면   그 바른 사람을 벗하면

我亦自正(아역자정)이요   나도 저절로 바르게 되고,

從遊邪人(종유사인)이면   간사한 사람을 따라서 놀면

我亦自邪(아역자사)니라   나도 저절로 간사해 진다.

蓬生麻中(봉생마중)이면   쑥이 삼 가운데서 자라나면

不扶自直(불부자직)이요   붙들어주지 않아도 저절로 곧아지고

白沙在泥(자사재니)면   흰모래가 진흙에 있으면

不染自汚(불염자오)니라   물들이지 않아도 저절로 더러워지느니라.

近墨者黑(근묵자흑)이요   먹을 가까이 하는 사람은 검어지고

近朱者赤(근주자적)이니   주사(朱砂)를 가까이하는 사람은 붉게 되니

居必擇隣(고필택린)하고   거처할 때엔 반드시 이웃을 가리고

就必有德(취필유덕)하라   나아갈 때엔 반드시 덕있는 사람에게 가라.

擇而交之(택이교지)면   사람을 가려서 사귀면

有所補益(유소보익)하고   도움과 유익함이 있고,

不擇而交(불택이교)면 　　가리지 않고 사귀면

反有害矣(반유해의)니라 　　도리어 해가 있느니라.

朋友有過(붕우유과)어든 　　친구에게 잘못이 있거든

忠告善導(충고선도)하라 　　충고하여 착하게 인도하라.

人無責友(인무책우)면 　　사람이 잘못을 꾸짖어 주는 친구가 없으면

易陷不義(역함불의)니라 　　의롭지 못한데 빠지기 쉬우니라.

面讚我善(면찬아선)이면 　　면전에서 나의 착한 점을 칭찬하면

諂諛之人(첨유지인)이요 　　아첨하는 사람이고,

面責我過(면책아과)면 　　면전에서 나의 잘못을 꾸짖으면

剛直之人(강직지인)이니라 　　굳세고 정직한 사람이다.

言而不信(이언불신)이면 　　말을 하되 미덥지 못하면

非直之友(비직이우)니라 　　정직한 친구가 아니다.

見善從之(견선종지)하고 　　착한 것을 보면 그것을 따르고

知過必改(지과필개)하라 　　잘못을 알면 반드시 고쳐라.

悅人讚者(열인찬자)는 　　남의 칭찬을 좋아하는 자는

百事皆僞(백사개위)며 　　온갖 일이 모두 거짓이고,

厭人責者(염인책자)는 　　남의 꾸짖음을 싫어하는 자는

其行無進(기행무진)이니라 　　그 행동에 진전이 없다.

修身篇

元亨利貞(원형이정)은
天道之常(천도지상)이요
仁義禮智(인의예지)는
人性之綱(인성지강)이니라

원 형 이 정은
천도의 떳떳함이고
인 의 예 지는
인성의 벼리이다.

父子有親(부자유친)하며
君臣有義(군신유의)하며
夫婦有別(부부유별)하며
長幼有序(장유유서)하며
朋友有信(붕우유신)이니
是謂五倫(시위오륜)이니라

부모와 자식 사이에는 친함이 있고,
임금과 신하 사이에는 의리가 있으며,
남편과 아내 사이에는 분별이 있으며,
어른과 아이 사이에는 차례가 있으며,
벗과 벗 사이에는 신의가 있으니,
이것을 일러 오륜이라고 한다.

君爲臣綱(군위신강)이요
父爲子綱(부위자강)이요
夫爲婦綱(부위부강)이니
是謂三綱(이위삼강)이니라
人所以貴(인소이귀)는
以其倫綱(이기륜강)이니라

임금은 신하의 벼리가 되고,
아버지는 자식의 벼리가 되며,
남편은 아내의 벼리가 되니,
이것을 일러 삼강이라고 한다.
사람이 귀한 이유는
오륜과 삼강 때문이다.

足容必重(족용필중)하며
手容必恭(수용필공)하며
目容必端(목용필단)하며

발의 용모는 반드시 무겁게 하며,
손의 용모는 반드시 공손하게 하며,
눈의 용모는 반드시 단정히 하며,

口容必止(구용필지)하며 　　입의 용모는 반드시 듬직히 하며,

聲容必静(성용필정)하며 　　소리의 용모는 반드시 조용하게 하며,

頭容必直(두용필직)하며 　　머리의 용모는 반드시 곧게 하며,

氣容必肅(기용필숙)하며 　　숨쉴 때의 용모는 반드시 엄숙히 하며,

立容必德(입용필덕)하며 　　서 있는 모습은 반드시 덕이 있게 하며,

色容必莊(색용필장)이니 　　얼굴 용모는 반드시 씩씩하게 할 것이니,

是曰九容(시왈구용)이니라 　　이것을 말해서 구용이라고 한다.

視必思明(시필사명)하며 　　볼 때에는 반드시 밝게 볼 것을 생각하며,

聽必思聰(청필사총)하며 　　들을 때에는 반드시 밝게 들을 것을 생각하며,

色必思溫(색필사온)하며 　　얼굴빛은 반드시 온화하게 할 것을 생각하며,

貌必思恭(모필사공)하며 　　용모는 반드시 공손하게 할 것을 생각하며,

言必思忠(언필사충)하며 　　말은 반드시 성실하게 할 것을 생각하고,

事必思敬(사필사공)하며 　　일은 반드시 공손하게 할 것을 생각하며,

疑必思問(의심사문)하며 　　의심나는 것은 반드시 물을 것을 생각하며,

忿必思難(분필사란)하며 　　분노가 날 때에는 반드시 후환을 생각하며,

見得思義(견득사의)니 　　얻을 것을 보면 의를 생각해야 하니,

是曰九思(시왈구사)니라 　　이것을 말해서 구사라고 한다

非禮勿視(비례물시)하며 　　예가 아니면 보지 말며,

非禮勿聽(비례물청)하며 　　예가 아니 면 듣지 말며,

非禮勿言(비례물언)하며 　　예가 아니면 말하지 말며,

非禮勿動(비례물동)이니라 　　예가 아니면 움직이지 말아야 한다.

行必正直(행필정직)하고　　　　행동은 반드시 바르고 곧게 하고

言則信實(언즉신실)하며　　　　말은 미덥고 성실하게 하며,

容貌端正(용모단정)하고　　　　용모는 단정하게 하고

衣冠整齊(의관정제)하라　　　　의관은 바르고 가지런하게 하라.

居處必恭(거처필공)하고　　　　거처할 때에는 반드시 공손히 하고

步履安詳(보리안상)하라　　　　걸음걸이는 편안하고 침착히 하라.

作事謀始(작사모시)하고　　　　일을 할 때에는 시작을 잘 계획하고

出言顧行(출언고행)하라　　　　말을 할 때에는 행실을 돌아 보라.

常德固持(상덕고지)하고　　　　떳떳한 덕을 굳게 지키고

然諾重應(연약중응)하라　　　　승낙을 할 때에는 신중히 대답하라.

飮食愼節(음식신절)하고　　　　먹고 마실 때에는 삼가고 절제하고

言語恭遜(언어공손)하라　　　　언어를 공손히 하라.

德業相勸(덕업상권)하고　　　　덕업은 서로 권하고,

過失相規(과실상규)하며　　　　과실은 서로 타이르며,

禮俗相交(예속상교)하고　　　　예스러운 풍속은 서로 사귀고,

患難相恤(환난상휼)하라　　　　재앙과 어려운 일은 서로 구휼하라.

貧窮困厄(빈궁곤액)에　　　　　빈궁과 재액이 있을 때에는

親戚相救(친척상구)하며　　　　친척들이 서로 구원해 주며,

婚姻死喪(혼인사상)에　　　　　혼인과 초상에는

相扶相助(상부상조)하라　　　　이웃끼리 서로 도와라.

修身齊家(수신제가)는 　자기 몸을 닦고 집안을 가지런히 하는 것은
治國之本(치국지본)이요 　나라를 다스리는 근본이고
讀書勤儉(독서근검)은 　책을 읽으며 부지런하고 검소함은
起家之本(기가지본)이니라 　집안을 일으키는 근본이다.

忠信慈祥(충언자상)하고 　충실하고 신용 있고 자상하며
溫良恭儉(온양공검)하라 　온순하고 어질고 공손하고 검소하게 하라.
人之德行(인지덕행)은 　사람의 덕행은
謙讓爲上(겸양위상)이니라 　겸손과 사양이 제일이다.

莫談他短(막담타단)하고 　다른 사람의 단점을 말하지 말고
靡恃己長(미시기장)하라 　자기의 장점을 믿지 말라.
己所不欲(기소불욕)을 　자기가 하고 싶지 아니한 것을
勿施於人(물시어인)하라 　남에게 베풀지 말라.

積善之家(적선지가)는 　선행을 쌓은 집안은
必有餘慶(유필여경)이요 　반드시 뒤에 경사가 있고.
不善之家(불선지가)는 　불선을 쌓은 집안은
必有餘殃(필유여앙)이니라 　반드시 뒤에 재앙이 있다.

損人利己(손인이기)면 　남을 손해보게 하고 자신을 이롭게 하면
終是自害(종신자해)니라 　마침내 자신을 해치는 것이다.
禍福無門(화복무문)하야 　재앙과 복은 특정한 문이 없어
惟人所召(유인소소)니라 　오직 사람이 불러들인 것이다.

嗟嗟小子(차차소자)아

敬受此書(경수차서)하라

非我言老(비아언로)라

惟聖之謨(유성지막)시니라

아! 소자(제자)들아

공경히 이 책을 받아라.

내 말은 늙은이의 망녕이 아니라

오직 성인의 가르치심이니라.

찾아보기

244

246

ㅈ